珍藏本
纪念版

汉译世界学术名著丛书

论影响社会上劳动阶级状况的环境

〔英〕约翰·巴顿 著

薛蕃康 译

2017年·北京

John Barton
OBSERVATIONS ON THE CIRCUMSTANCES
WHICH INFLUENCE THE CONDITION OF
THE LABOURING CLASSES OF SOCIETY
Lynn Publishing Co. Regina, Saskatchewan 1962
本书根据加拿大林恩出版公司 1962 年版译出

汉译世界学术名著丛书
（120年纪念版·珍藏本）
出版说明

2017年2月11日，商务印书馆迎来120岁的生日。120年前，商务印书馆前贤怀揣文化救国的理想，抱持“昌明教育，开启民智”的使命，立足本土，放眼寰宇，以出版为津梁，沟通中西，为中国、为世界提供最富智慧的思想文化成果。无论世事白云苍狗，潮流左右激荡，甚至战火硝烟弥漫，始终践行学术报国之志，无改初心。

迻译世界各国学术名著，即其一端。早在20世纪初年便出版《原富》《天演论》等影响至今的代表性著作，1950年代后更致力于外国哲学和社会科学经典的译介，及至1980年代，辑为“汉译世界学术名著丛书”，汇涓为流，蔚为大观。丛书自1981年开始出版，历时三十余年，迄今已推出七百种，是我国现代出版史上规模最大、最为重要的学术翻译工程。

丛书所选之书，立场观点不囿于一派，学科领域不限于一门，皆为文明开启以来，各时代、各国家、各民族的思想与文化精粹，代表着人类已经到达过的精神境界。丛书系统译介世界学术经典，引领时代思想，为本土原创学术的发展提供丰富的文化滋养，为推动中国现代学术和现代化进程做出了突出的贡献。

为纪念商务印书馆成立120周年，我们整体推出“汉译世界学术名著丛书”120年纪念版的珍藏本，寄望既利于文化积累，又便于研读查考，同时向长期支持丛书出版的译者、编者和读者致以敬意。

两甲子后的今天，商务印书馆又站在了一个新的历史时间节点上。我们不仅要铭记先辈的身影和足迹，更须让我们的步伐充满新的时代精神。这是商务人代代相传的事业，更是与国家和民族的命运始终紧密相连的事业。我们责无旁贷，必须做好我们这代人的传承与创造，让我们的努力和成果不仅凝聚成民族文化的记忆，还能成为后来人可以接续的事业。唯此，才能不负前贤，无愧来者。

商务印书馆编辑部

2017年10月

中译本前言

约翰·巴顿(John Barton，1789—1852)，英国经济学家，生于伦敦萨瑟克一个公谊会教徒的家庭。他是个遗腹子，后在外祖父家长大成人。他受过良好的教育，懂法语、德语和拉丁文，他的兄弟伯纳德说他具有“精确地论证的才能”。

巴顿结婚以后住在萨塞克斯的奇切斯特西北六英里处的一个村庄里，1833 年全家迁居汉普郡东利，他在该处一直住到 1851 年患瘫痪症，次年在奇切斯特去世。他一生中家居的时间长，担任过的工作不多。他曾是奇切斯特储蓄银行、兰开斯特利安学校和机械学学会等组织的创始人之一，并担任过机械学学会的司库，常在该学会举行讲座。

他的第一篇论文《论影响社会上劳动阶级状况的环境》发表于 1817 年 6 月。李嘉图和马尔萨斯极其可能很快就读到此文，但没有完全理解巴顿对他们的自由贸易学说所作的批评的全部意义。李嘉图的《政治经济学与赋税原理》一书出版于 1817 年春，三年后即 1820 年马尔萨斯也发表了《政治经济学原理》一书。李嘉图发现该书的一条脚注中提到约翰·巴顿，这使得他回忆起三年前与巴顿的通信和巴顿曾在信中提出的观点。李嘉图因而修正了他的关于机器对劳动阶级收入的不利影响的观点，并在 1821 年出版的他的《原理》的第三版中就这题目写了新的一章。

李嘉图观点的改变所具有的重要意义以及巴顿在促使李嘉图改变观点上所起的作用在西方经济思想的发展上是值得重视的。当巴顿发表他的第一篇论文时，自由贸易学说正风靡英国及西欧。李嘉图在其《原理》中似乎已经证明自由贸易能导致生产力最高限度地发展并为持久的繁荣创造了必需的和充分的前提条件。自由贸易意味着自由投资。巴顿是指出投资——或者如当时所说"固定资本的增加"——是造成一部分失业劳工流离失所的原因的第一个人。只有在外部资源对劳动有更多的需求时，经济才能吸收失业的工人。巴顿指出，从英国的情况来说，是通过西班牙从美国流入贵重金属这一因素创造了对制成品的新需求从而提供了更多的就业机会。这也是在这一时期观察到的人口增加的原因。

巴顿在1820年发表了《对现代农业劳动逐渐贬值原因的探究》，1830年又发表了一篇关于人口过剩的论文。在这两文中，巴顿评述了人口迅速增长的后果。他痛惜"大多数经济学家几乎只注意到影响抽象意义上的财富积累的环境。他们似乎不仅忘记财富并不等于幸福，而且也不考虑财富分配的方式"(1830年一文)。作为立即解决失业的一个办法，巴顿建议由政府主办对加拿大移民。

在《为谷物法辩护》(发表于1833年)一文中，他与反谷物法同盟的发起人发生争论。他对于那种认为失业工人可以很容易地在其他工业中找到就业的理论提出疑问。

在欧洲大陆，巴顿的头两篇论文得到法国经济学家西斯蒙第的好评。马克思在著作中多处提及巴顿的《论影响社会上劳动阶级状况的环境》一文，认为他自己的关于流动资本和固定资本转化的分析得益于巴顿。十九世纪末以来，巴顿的著作受到越来越多的注意，多次由一些学者整理重印。

约翰·巴顿一生中虽然没有什么大业绩，也没有发表过皇皇巨著，只写过几篇较短的论文，但他对当时英国经济中出现的一些问题提出了精辟的分析，这使当时的一些知名经济学家受到他的影响而修正了自己的观点，因而他在西方经济学说史上占有一席地位。

本书是根据 1962 年出版的《巴顿经济著作》两卷本翻译的，书前有 G. 索蒂罗夫关于巴顿的生平及其著作的详细介绍，可以参阅。

译　者

目　　录

前　　言

I

不少伟大学者在他的同时代人手中都曾受到粗暴的对待，与此相比，约翰·巴顿有关经济理论的一些优美的文章没有引起公众多大兴趣只不过是一种细小的不公正而已。的确，巴顿“受到麦卡洛克轻描淡写的赞扬而实际被贬，在特德的《政治经济学词典》中被认为是‘几本有点才气但没有多大道理的小册子的作者’而不予以考虑，在《国民传记词典》中则全然没有提及”。[①] 而在《社会科学百科全书》中对他有好评的词条中只提及他的一篇文章，提供了两条有关他生平的材料，并称有关他的生卒年月不详。人们或许还可以补充说，甚至在他去世已有一百多年的今天，似乎还没有一家图书馆藏有他的著作的全集，甚至没有一份完整的著作目录。幸好在约翰·巴顿生前无需怎么依靠舆论。他在英国萨塞克斯郡拥有的不动产使他能成为一个独立的乡村绅士。他对植物学和对社会科学同样感兴趣，他可以随心所欲地在二者之间分配自己的时间。他喜欢读书，也能读得起。他各处旅行。他似乎有过愉快的童年，他一生都和他的兄弟姊妹保持亲密关系。最后但并不是

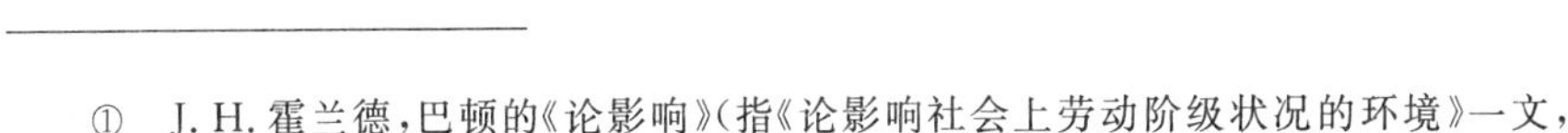

① J. H. 霍兰德，巴顿的《论影响》（指《论影响社会上劳动阶级状况的环境》一文，以下均同）重印本引言（巴尔的摩，1934 年）。

最不重要的一点是，他受到他的杰出的同时代人的尊重对待。约翰·巴顿的著作长期间半被湮没，真正受到损失的是一些学者，他们不得不花费不必要的额外努力去重新发现李嘉图和马尔萨斯学说中的某些缺点，这些缺点使得他们的学说难以应用于经济政策上最为重要的问题，并且甚至在今天也有碍于了解经济学、人口统计学和政治学领域中的许多基本问题。

II

我们有足够的线索能够追溯约翰·巴顿的生平梗概。但是，命运似乎对这位有创见的思想家有所偏爱，因为它对有关他的许多细节，都用神秘的面纱遮盖起来了，好像它希望我们老是保持着好奇心，并要求我们寻找有关他的活动的进一步的情况。

有三代人都用了同样的名字：老约翰·巴顿，据说是哈福德的一位教师，于 1789 年春天三十四岁时死去；他的儿子约翰·巴顿，经济学家，居住斯托顿，生于 1789 年 6 月 11 日，本文所述就是这一位；传教士约翰·巴顿，上述第二代约翰·巴顿第六子，生于 1836 年除夕。这 3 个都是不平常的人。事实上巴顿一家的良好德智品质还可以追溯到另外两代人。

有名的教友派诗人、经济学家约翰·巴顿的异母兄弟伯纳德·巴顿于 1839 年 2 月 11 日致一未提及姓名的通讯人的一封信中写道：

“我兄弟约翰衷心希望我们恢复往昔的简单生活习惯，你真诚地同意他的这一愿望，使我特来询问，我最近写给你的两封信中是否提及过他在翻检我们已去世的杰出的老处女姊姊的储藏箱时偶然发现的那些奇怪的老文件？我全忘了我是否提及过；所以我不会随便地重复全部项目。但他发现一份我们曾祖父——住在艾夫吉尔的约翰·巴顿的物品及动产的清单，一所距离卡里斯尔约5或7英里的小农舍；由此可见，我们的祖先似乎是那种真正的家族人士之一，一位英国古代坎伯兰王国政治家——依靠他那微薄的不动产生活，从中获得他自己和他家庭的日常生活所需。我敢肯定，我的好兄弟在发现他的最早的可以追踪的祖先是这样一个人，比之发现祖先属于佩带红紫银色纹章的传令官集团会更感到满意。除房屋、土地和他可能有的钱财之外，他的积蓄的总额估价为61英镑6先令，而他的小小产业的一份许可证上记载，为获得租契收取的地租为5英镑，因此我估计这项产业的年值当时估计为2英镑15先令。这是一个世纪以前的事。但是此人却是在谷地建立小教堂的主持人，这座小教堂至今仍在（他是一位牧师）。我不怀疑他在当时是一位优秀的、心地单纯和胸怀高尚的自由民，我为他感到非常自豪。为什么他的儿子——我的祖父（我就是从他取名的）要离开这一快乐的溪谷，跑到卡里斯尔去开爿工厂，并发明一台机器，为此还获得皇家学会一枚奖牌？彭南特这么问过。我想他当时要是在那所坐落在美丽的艾夫河畔的古老的、石板铺盖的灰色石屋中住下去，那该多好！但是我和他同名，我不想和他这段经历争论。”①

据我们所知，这家工厂是家布匹印花工厂，他发明的这台机器

① 伯纳德·巴顿：《回忆录，书信和诗歌》，此书为他的女儿菲拉德尔菲亚所辑录，1850年，第13—14页，此处提及之奖牌为金质（上引书，第141页）。

彭南特曾作过如下描述:“在伯纳德·巴顿处见到一个使人愉快的情景:12 个小姑娘同时在一座卧式的机轮上纺纱,12 个筒管同时转动;它是这样设计的,如果某一筒管发生故障,这一筒管的转动可以停止而不致妨碍其他筒管。”①

老约翰·巴顿继承了这家工厂,据说他爱好文学。他写道,“我每阅读洛克、艾迪生、波普之书,辄感兴味无穷,而一坐下来,面对那本分类账,就感到厌烦。”他成为公谊会的一员,并被选入 1787 年为废除奴隶贸易而成立的第一个委员会。托马斯·克拉克森和格兰维尔·夏普都是该委员会成员。他经营的商业,门类、规模、地点都几经变换,最后在英国南部建业。在他的第一个妻子去世之后,他续娶公谊会教徒、富商托马思·霍恩之女伊丽莎白为妻。伊丽莎白·霍恩为人极为和蔼可亲。伯纳德·巴顿写道,“我出生不到几天就失去了母亲,当我尚在襁褓之中时,我父亲续了弦。他这样做很明智,以后也过得很幸福。我一直把他的后妻看作是我的亲生母亲,许多年以后,我在寄宿学校时才得知实际情况。”②如前所述,老约翰·巴顿生前没有来得及看到他这次婚姻中的独生儿子。但是小约翰很幸运,他出生在一个可以在理想的环境中养育他的家庭里,因为无疑他是住在他祖父的宅第里。关于这幢住宅,以及他在堤岸、伦敦和托特纳姆的房屋,伯纳德·巴顿留下了如下的描述:

---

① 伯纳德·巴顿:《回忆录》,第 14 页附注。

② 上引书,第 16 页。老约翰·巴顿在第一次婚姻中,生了三个子女:伯纳德、玛丽亚和伊丽莎白。玛丽亚与一位奇切斯特商人斯蒂芬·哈克结婚,曾以婚后姓名署名,写了几本儿童读物。

“我的某些最初的回忆是他在堤岸街的住宅，从这里会客厅的窗户朝外眺望繁忙的泰晤士河和河对岸在烟雾中隐现的圣保罗教堂的圆屋顶。但我童年时期最愉快的回忆是和那幢优美的古老乡村房屋联系在一起的，这幢房屋坐落在偏离穿过托特纳姆的大道的绿色小巷里。我宁愿用现在的七年去换取当时那种生活的一个星期。那是一幢古老的大宅，门前有着铁栏栅和两扇铁门，每根方柱的上端有一只石雕巨鹰。在厅门台阶的前面有一条宽阔的砾石路，在夏季，两边摆着种植橘树和柠檬的大桶，在草地中心有一只更大的桶，种着一株巨大的芦荟。厅堂本身在我当时的心目中就和现在看教堂一样的高大和宽广，是玩板羽球和羽毛球的有名之处；在我后面是一座花园，和老阿尔辛纳斯自己的花园一样……整个庄园和周围的土地都是我童年时的仙境；而统辖一切的神仙则是我的祖父。我祖父在年轻时必定长得很英俊，因为在我的记忆中，他当时已将近八十岁了，虽然身心都已衰竭，外形仍然很好看。……”①

以上是关于经济学家约翰·巴顿的祖先，以及他童年时必定住过的地方。

III

我们的著作者是怎样一个人呢？

我们看到的他的唯一的一张照片是从一张小画像复制的。照

① 《回忆录》，第15页。

片上显示的是一位相貌端正而略带忧悒表情的青年。

伯纳德·巴顿曾谈及他兄弟具有“精确地论证的才能”。在公谊会内出现“培根争论”之际，这两位兄弟曾交换意见，使伯纳德观察到“约翰心胸宽阔，他不会喜欢任何形式的宗派主义者”。[①] 玛丽亚·哈克写道，他的兄弟约翰“有时态度冷淡，但心地善良”。据信他的孩子们“对他们的勤学而又沉默的父亲有几分畏惧”。[②]

约翰·巴顿像他的父亲一样，不是一位英国国教徒。他父亲参加了公谊会，支持它的反对奴隶的运动，以此表明了这一点。儿子则在 1827 年 9 月 2 日退出公谊会，他声明了一些观点，认为拒绝对教会交付什一税或不参加圣礼都是不正确的做法。正当成千成万工人和他们的子女在工业英国的贫民窟里因饥饿或疾病像苍蝇一样死去的时候，约翰·巴顿必定没有心思去参与敌对教派之间的神学上的争论。

当他在 1811 年第一次结婚(对方是一位公谊会姑娘安·沃德劳夫·史密斯)时，在结婚登记上约翰·巴顿填写为萨塞克斯郡奇切斯特商人。他从事的是什么商业？我们不知道。但可以猜想他是一位煤炭商，像他的叔父安东尼·霍恩一样。对他叔父的情况人们是知道的。后来他又自称为自耕农；1831 年他的一个孩子受

---

① 致托马斯·盖茨·达顿(玛丽亚·巴顿·哈克之婿)的一封未发表的信，日期为 1837 年 10 月 2 日。(此信在劳伦斯·达顿处。)

② 参阅《约翰·巴顿，其子塞西尔·爱德华·巴顿的回忆》，伦敦，1910 年，第 2 页。这是传教士约翰·巴顿Ⅲ的传记。

洗礼时第一次出现“绅士”这一称呼。[①] 再其后，在写给《标准》报纸的一封信中，他自称是个地主。

IV

约翰·巴顿肯定受到过良好的教育。他精通法文和德文，显然还懂拉丁文。他遗留下来的一份手稿——以后还要谈到——就包含有法文出版物的引语，以及用哥特体写的从德国—瑞士报纸摘录的引文。

大约在他第一次结婚的时候，约翰·巴顿开始阅读经典作品，作出摘要，学习亚当·斯密的《国富论》，“手持笔一支，几乎每页都做了笔记”。1814 年 12 月，他着手写《休谟的政治论文的批判分析》。1815 年 4 月，他草拟了《政治题材安排概要》，显然是为他自己今后的研究方向而写的。不久以后，我们发现他研究如“资本与收入”、“资本与货币”、“公共支出增加对价格之影响”、“国民财富之进展与效果”和“战争与和平”等题材。

1817 年当李嘉图的《政治经济学原理》出版的时候，约翰·巴顿写了一封信给他，他在信中可能批判了李嘉图的利润学说。这封信原件已经散失，但李嘉图 1817 年 5 月 20 日的复信却保存了下来。[②]

---

① 但是早在 1825 年 2 月 10 日，查尔斯·拉姆给伯纳德·巴顿的信中写道：“你的绅士兄弟在得到宗教自由之后使我羡慕不已。要是我被人轻慢地一脚踢出灰黑的厅堂而口袋里却有着一笔钱财那该多好！天空的飞鸟也没有我那么自由啊。我将多么欢快地漫步前进，摘下几朵立金花，像傻子一样无目的地到处闲逛。”

② 在霍兰德重印约翰·巴顿的《论影响》一书的附录中收有此信。

第二年约翰·巴顿访问了欧洲大陆，这可以从现存的一份1818年7月他在日内瓦手写的笔记中推论出来。很可能也是在此时他到瑞士的其他地方如伯尔尼和施维茨去旅行，同时也去过意大利及法国南部。

1823年12月16日，约翰·巴顿被选为伦敦机械学学会第一个常务干事委员会的成员。[①] 据记录记载，当监票人报告会员当选人时已是凌晨三时，当选的共30人，当时也出席的约翰·巴顿获得268票，最高获票数为335票，最低为103票。在他当选以后至1825年3月7日他停止会籍期间，约翰·巴顿在大约64次会议中出席了51次，同一期间参加了两个有专门任务的小委员会的工作。

1827年6月前约翰·巴顿在斯托顿居住，这是在萨塞克斯的奇切斯特西北约6英里的一个美丽的小村子。这可以从他的《植物地理讲话》一书的前言的日期看出来。这一演讲的大纲早些时候曾对奇切斯特机械学学会会员发表过。同年约翰·巴顿与卢易斯的弗朗西丝·里克曼结婚(他第一个妻子已于1822年逝世)。弗朗西丝后来为他生了九个孩子。[②]

1831年约翰·巴顿被选入奇切斯特文学与哲学学会委员会。

不知什么原因，约在1833年至1836年间，全家从斯托顿迁至

① 在伯克贝克大学门厅前1824年的奠基石上伦敦机械学学会委员会成员名单中有他的名字。

② 不是我在另一处所说的6个，当时根据的资料不完整。

东利(汉茨)[①]。在东利(汉茨)约翰·巴顿继续从事研究工作,但显然精力稍见衰退。1839年他发表了两个短篇,其中第一篇包含对英国南部动植物的生动描绘,对仙人环蘑菇起源的评论[②],以及关于他自己栽培兰花的方法。第二篇是以三个友人对话的方式对一些著名作家的作品作了半认真半幽默的评价。[③]

1842年爆发的猩红热流行病夺走了弗朗西丝·巴顿和他的一个幼女的生命,约翰·巴顿第二次成为鳏夫。他的孩子最大的仅十三岁,只好托给弗朗西丝的姊姊约瑟芬·里克曼抚养。

在1844年间约翰·巴顿在伍德布里奇晤见爱德华·菲茨杰拉德,伯纳德的家在这个地方。不久以后,爱德华·菲茨杰拉德访问了东利,他对这一“明智、礼貌和亲切的家庭”印象很深。他在1844年9月17日写信给约翰·巴顿介绍他的朋友约翰·艾伦(后来是萨洛普的主教)时谈到这一点。[④]

1847年12月20日约翰·巴顿当选为伦敦统计学会会员[⑤],

① 约翰·巴顿在斯托顿和在东利居住的房屋被后来的房主人保存得很完好。斯托顿的一所仍被称为“巴顿住宅”。东利住宅有时被指为在哈范特,有时被指为在埃姆斯沃斯,它靠近旧伦敦和连接伦敦与朴次茅斯的西南铁路。

② 这是草坪和草地上常见的一种深绿色环状物的俗称,在民间传说中这是仙子在午夜跳舞之处。

③ 这两个短篇的标题是《斯托顿的一个夏夜》和《斯托顿的一个冬夜》(《奇切斯特杂志》,1833年,第88—92页及522—527页)。

④ 参阅F.R.巴顿:《爱德华·菲茨杰拉德的几封新发现的信》,伦敦,1923年,88—89页。早些时候,爱德华·菲茨杰拉德曾写信给伯纳德:“我很想见你的柏拉图式的兄弟;……我希望近日能见到你的兄弟,向他学习。”(E.V.卢卡斯:《伯纳德·巴顿和他的朋友》,1893年)

⑤ 他的候选人证书是由约瑟夫·弗莱彻、W.H.赛克斯、F.G.P.尼森、霍尔特·麦肯齐和W.D.奥斯瓦德签字的。

但他准备提出宣读的论文《谷物价格对死亡率之影响》未被接受。[①] 但是,1849 年 4 月 16 日,他对学会宣读了另一篇论文,论《土地分成小块对英格兰与威尔士人民道德及物质福利的影响》,这篇论文刊登在 1850 年 2 月学会的学报上。约翰·巴顿于 7 月退出学会。

约在 1851 年某个时候,或是 1852 年初,约翰·巴顿突然中风,全家被迫迁住奇切斯特,以便就医更为近便。但不幸,医疗条件不够充分。他不久逝世,《绅士杂志》随即刊登了以下通知:

"约翰·巴顿先生于 1852 年 3 月 10 日在奇切斯特逝世。他是奇切斯特储蓄银行、兰克斯特里恩学校和机械学学会的创始人之一。在机械学学会与哲学学会合并之前,他一直是前者的司库。多年之间,他常在学会发表演说,内容通俗,显示了他的才干。"[②]

死者葬于汉茨的罗兰兹堡红山的浸礼会教堂庭院内。在牧师法衣室的窗外竖着一块墓碑,上面刻着的铭文是:

纪　念

约翰·巴顿

东利汉茨人氏

殁于 1852 年 3 月 10 日

享年 62 岁

并纪念

---

① 被指定审查论文的二人委员会包括约翰·鲍林博士,"反谷物法令同盟"的创始人之一。

② 《绅士杂志》,卷 37,1852 年 4 月,第 431 页。

其 妻 范 妮

殁于 1842 年 11 月 14 日

享年 35 岁

其三女萨拉

殁于 1842 年 11 月 9 日

享年 3 岁

“我听到从天堂来的声音朝着我说，
为死者祝福，他们死后归依上帝，
圣灵对他们赞许，因为他们辛勤一生，
而今安息，他们的德行将留在身后。”

V

约翰·巴顿的文章文体优美。他将统计数字和演绎分析巧妙地结合起来，并援用古今历史事实使文章生动活泼。他的文章写于不同时期，涉及不同题材，然而贯穿其中的思想却具有不同寻常的一致性和深度。那么，在十九世纪的学者中为什么他却不能占有一席地位呢？

首先，他比李嘉图、马尔萨斯、穆勒、图克和托伦斯这些人年轻。这从一开始就使他几乎不大可能和这些知名人士平起平坐。其次，他不住在伦敦。这或许使他不能和其他作者频繁接触。第三，他似乎是一个谦逊的人，这是由于他的秉性和教养所致。而这种性格自然无助于一个人的成名。

然而，更为重要的无疑是由于他批评了自由贸易主义。

李嘉图、马尔萨斯和他们的朋友们相信持久的繁荣有赖于遵守几条简单的法则，如“财产的安全”、“开支低的政府”和“贸易自由”。约翰·巴顿在文章中，特别在他的有关《谷物法》的论文和他致《标准》报纸的信件中，他揭示了这一学说的荒谬之处。要是逻辑就足以使某一论点站不住脚，则关于自由贸易的侈谈当时当地就会停止。但是，单靠逻辑从来不能办到这一点。当约翰·巴顿写这些论文时，三个洲——美洲、非洲和大洋洲正在由“工业界的首脑”移殖和发展，在某一意义上说，这是个偶然的环境，使得大不列颠国政府尽管实行自由贸易政策，在国内经济方面仍能取得发展。但是，把明显的经济发展归因于自由贸易的原则，没有比这更便当的事了。

约翰·巴顿到了晚年必定已经认识到，他在与自由贸易学派的争论中不能取得胜利。这或许就是为什么在他写给《标准》的几封信中表现出明显的无可奈何的情绪的缘故。而且，在1850年以后对他的作品给予注意的人确实很少。人们只有从历史的角度才能正确估价约翰·巴顿对资本主义经济所具有的透视能力。因此，当李嘉图经济学及其涉及社会学方面的一些虚饰论点在过去50年间大部分都已消失其吸引力时，约翰·巴顿的分析在今天却显得更为有效和更成为人们议论的主题。他的关于《谷物法》的论文的某些段落今天读起来，实际上就好像是预言性的警告。

VI

有理由相信首先读到约翰·巴顿的《论影响》的人当中有一个

是威廉·赫斯基森，当时是奇切斯特议会成员。[①] 但是对这篇论文最初发表出来的评论是来自麦卡洛克和马尔萨斯。

麦卡洛克的意见发表在《爱丁堡评论》上。[②] 他提出了一些对论文不利的意见，但没有多大根据。约翰·巴顿的压倒性反驳见于他的《探究》(1820 年)一文的跋中。[③]

马尔萨斯的印象概括在他的《政治经济学原理》第一版的一条脚注之中。它提到“巴顿先生写的一本有关工人阶级状况的有独创性的小册子”[④]。

这条脚注带来了很重要的影响。当时李嘉图期待马尔萨斯的著作出版已有数年，所以此书一问世，他便热心阅读，并在此时回忆起他与巴顿的通信。巴顿关于机器对劳动需求和对工人阶级的影响所发的议论对他来说比之三年前更有说服力得多。因此李嘉图不仅承认巴顿的论文“包含了许多有价值的材料”而且大大改变了他自己关于机器对劳动需求影响的意见。如人所知，这结果便是他的《原理》的第三版(1821 年)增加了新的一章“论机器”。李嘉图承认约翰·巴顿“关于固定资本数量增加对工人阶级状况的影响问题采取了正确观点”，并引用了《论影响》一文中的有关部

① 1819 年 1 月 30 日赫斯基森写信给他的妻子道：“……我很担心……我还没有时间查阅巴顿先生的文章和其他我必须在星期二以前阅读的东西……李嘉图的书太硬，难以邮寄，但你可以将《爱丁堡评论》寄给我，上面载有对他的评论。”参阅 C. R. 费伊：《赫斯基森和他的时代》，伦敦，1951 年，第 189 页。

② 第 65 期，1820 年 1—5 月，第 155—187 页。

③ 第 104—107 页。

④ 马尔萨斯：《政治经济学原理》，第 261 页。

分[①]，对此麦卡洛克深感沮丧。[②]

在欧洲大陆上，西斯蒙第以很大的兴趣阅读了《论影响》与《探究》，在《立法与政治经济年刊》上给予了好评。西斯蒙第在他的评论的开头写道，“虽然这两篇论文的发表时隔三年……而较早的一篇是在五年前发表的，我们相信，我们应当让读者注意这两篇论文。我们最近才收到这两篇文章，第二篇可以看作是第一篇的继续，大陆上知道它们的人不多，它们应当受到更大的注意。”[③]很自然，约翰·巴顿后来很乐于提及这篇评论。[④]

西斯蒙第同时提及两篇论文是对的，因为它们紧密相关。约翰·巴顿在他的第二篇论文的前言中写道，“在《论影响社会上劳动阶级状况的环境》一文中，作者几乎在三年以前就企图指出在政治经济学有关穷人状况的某些论述中，有一些公认的意见实际存在着重大错误。在那篇文章中所采取的观点主要是理论上的。在下文中，作者将以更为人熟悉的方式表达同样的原理，它更直接地

① 参阅李嘉图：《原理》，人人版(1948 年)，第 279 页。

② 李嘉图在 1821 年 7 月 9 日写给马尔萨斯的信中说：“麦卡洛克特别反对我的关于机器的一章；他认为我承认了这一点便把我自己的书毁了，并严重地损害了科学，这是由我所发表的一些意见和发表这种意见的态度所造成的。后来我们就此题目通过两三次信。在他最后一封信中他似乎承认使用机器的后果可能是减少总生产的数量与价值。在这点上作出让步以后，他放弃了这一问题，因为不可能争辩说，随着总生产数量的减少，还会有同样的财力去雇佣劳力。在我看来，对于这个题目，我的命题的真实性是绝对可以论证的”(《致马尔萨斯信》，第 184 页)。李嘉图非常重视他的新学说，这也可以从下面这一事实看出来：1821 年 6 月 25 日政治经济俱乐部的第一次“科学”会议上，李嘉图提出了这一问题：“机器是否有减少劳动需求的趋势?”七个月以后，俱乐部仍在讨论这一题目。参阅霍兰德在巴顿的《论影响》一书重印本中写的介绍。

③ 西斯蒙第：《立法与政治经济年刊》，日内瓦，1822 年 11 月，第 82—119 页。

④ 参阅巴顿关于《人口的过剩》论文开头的广告。

与实际目的相关联，并根据进一步的研究和思考的结果对这些原理作了一些细微的变动。”[①]

但是，西斯蒙第作为经济学家，在英国不是那么为人所知，他的意见没有产生多大效果。李嘉图去世以后，他对他的自信的门徒可能具有的权威必定已经消失，因为麦卡洛克在他的《政治经济学原理》(1825 年)一书中，又恢复了与约翰·巴顿的论争。[②] 后来，在他的《政治经济学文献》(1845 年)中，麦卡洛克警告说，巴顿的“叙述与推理并不是在所有情况下都可靠”，虽然他也同意要为“身强力壮的穷人”亦即失业者作出一些规定。

同时，在马尔萨斯的《政治经济学原理》第二版中原来提到巴顿的《论影响》之处都神秘地消失了。马尔萨斯本人是在 1834 年去世的，而他的《原理》的第二版则在 1836 年出版。但如果马尔萨斯曾明白表示要保留这条脚注，则他的执行人未必会取消它。更为可能的是马尔萨斯自己划去了这条注释，或者他要求别人把它划掉。

1830 年和 1833 年约翰·巴顿发表了他的论述《人口的过剩》的论文。他指出大不列颠人口的迅速增加已经产生了一个新问题，即保证食物的充分供应问题。他问道，如果整个欧洲粮食歉收，会出现怎样一种局面？他回答道，“肯定，如果我们每年要多喂

① 前言注明写于奇切斯特，日期为 1820 年 3 月 27 日。

② 麦卡洛克：《政治经济学原理》，第二版，伦敦，1843 年，第 407—408 页。麦卡洛克论点的要旨是：引用机器不一定会降低劳动的需求，因为它能使产品更为便宜。他说，这能使消费者节省一定数量的金钱，并用此购买商品，这种商品的生产可以为因引用机器而失去工作的人创造就业机会。

养20万张嘴巴，而粮食的生产增加甚少或者是没有增加，那么，过剩的人口迟早会因饥馑或瘟疫而遭灭亡。”[①]补救之策何在？“为了避免这一威胁性的祸害，或许可以由马尔萨斯或他的门徒鼓励人们在缔结婚姻时要更加谨慎，以防止将来人口的过分增长。毫无疑问，要使每个人在心中形成一种强烈的印象，即他的责任是要在有力赡养妻子和家庭时才能结婚；但是，要依靠这样一种缓慢的作用去寻求摆脱灾难的安全是完全徒劳的。”[②]作为直接解决失业问题（因为这是当时的问题）的办法，约翰·巴顿建议由政府负责向殖民地移民。[③] 他悲叹“大多数政治经济学家仅仅注意影响财富积累的环境，只是抽象地说明这个问题。他们不仅忘记财富并不等于幸福，他们甚至不考虑分配财富的方式”[④]。几乎无需解释，他所谈到的政治经济学家是李嘉图和马尔萨斯的门徒。

约翰·巴顿在他的关于《谷物法》的论文中，与反谷物法同盟的理论家们发生争论。这给予他一个机会去构想资本主义经济的比较完整的理论。他再次强调了他与马尔萨斯之间的分歧，并攻击那种认为不幸失业的人可以很容易在其他工业中找到工作的空洞理论。他问道，“那么，是否认为一个在萨塞克斯的无人雇佣的拉犁的农夫可以前往曼彻斯特找到一个棉纺工人的工作呢？……只要稍微注意一下事实就会看到，一个人口过剩的地区，除非采取

① 《人口的过剩》，第14页。

② 出处同上，第15页。

③ 据说巴顿是当时国防与殖民部次官威尔莫特—霍顿的支持者，这位次官赞成政府负担费用移民，而韦克菲尔德则建议，对殖民者应征收土地使用费。

④ 《人口的过剩》，第42页。

残酷的灭绝办法，是难以减轻人口的过度负担的。"[①]在同一篇论文的另一处，当谈到人们讨论经济问题的方式时，他又说，"研究这门科学的某些当代教授的文章不仅无用，而且肯定有害；因为它们会使读者的理解庸俗化，而且在一些非常重要的问题上在读者心中植入错误的观念。"[②]马尔萨斯的感情必定因此受到伤害！

对巴顿论《谷物法》的文章说过几句好话的是 L. R. 维勒梅博士，见于他的关于法国北部纺织工人状况的报告。维勒梅受法国道德和政治科学院之托写了这份报告。他说巴顿是提出了统计数字说明谷物的低价对工人阶级有害的唯一的作者。[③] 他提到的是巴顿的如下论点：当谷物价格下跌，使得地主种植谷物无利可图时，农业劳动者被闲置起来，由于生计无着，死亡率升高。

另一处提到这一论点的是 1846 年 2 月 16 日在伦敦统计学会宣读的一篇论文。[④] 它的作者威廉·法尔企图证明巴顿的论点错误，这一点使以后学会的委员会拒绝巴顿宣读同一题目的论文一事显得更为重要。

约翰·巴顿的《论影响》曾在卡尔·马克思的著作中几次提到。[⑤] 马克思虽然赞扬巴顿对流动资本转换为固定资本的分析，

---

① 《谷物法》，第 29 页。

② 同上引书，第 84—85 页。

③ 参阅 L. R. 维勒梅：《棉、毛、丝绸制造业中雇佣工人的体质和道德状况表》，巴黎，1940 年，第Ⅱ卷，第 20 及 272—273 页。

④ 参阅《荒年和小麦的高价对英国人民死亡率之影响》，《伦敦统计学会学报》，1846 年 6 月，第 158—174 页。

⑤ 参阅《资本论》（德文第 4 版，维也纳，1933—1934），第Ⅰ卷，第 665 及 711 页；第Ⅱ卷，第 223 及 394 页。又见《剩余价值论》（第 2 版，斯图加特，1921），第Ⅰ卷，第 256 页；第Ⅱ卷，第一部分，第 352—353 页，370—371f 页；第Ⅲ卷，第 286 页。

但他似乎忽略了巴顿学说的许多重要方面，以及他后来所写的论文。在马克思的《剩余价值论》一书有饶有兴趣的一段[1]，在这段文章中提到李嘉图曾经承认，他在巴顿的影响之下，修改了他的关于机器对劳动需求的理论。李嘉图是在受到巴顿的影响后这样做的，这一点是没有疑问的。但是，李嘉图自己从来没有用这么多字承认这一点。是巴顿自己在论《谷物法》的文章中指出这一点。因此，人们不禁怀疑在马克思的著作中为什么没有提到上述论文。

在以后的三十年间，似乎没有人对约翰·巴顿的著作给予多大注意。只有埃德温·坎南，曾在他的《生产与分配学说》(1894年)一书中引述了《论影响》一文，并简单述及巴顿与马尔萨斯之间的争论。从此，又没有人再提起巴顿的著作。到帕尔格雷夫的《政治经济学辞典》[2]出版，书中有一条由斯蒂芬·鲍尔署名的注释才又提到巴顿的著作。不久以后，经济学史及历史的研究者在《社会科学百科全书》(1934年)中读到一篇由W. H. 道森写的关于巴顿的很好的文章。大约与此同时，巴顿的《论影响》在巴尔的摩重印，由J. H. 霍兰德写了一篇颇有兴味的介绍和注释。

VII

我们看到过的约翰·巴顿的经济著作可以分为以下三类：(1)论文，(2)致《标准》报的信，和(3)各种手写的笔记和感想。

---

① 参阅第Ⅱ卷，第一部分，第352页。

② 1925—1926年版。

本集包含了九篇论文——其中两篇是在身后发表的——以及二十三封致《标准》报的信。[①] 这些笔记与感想，其中有一部分相当完整，事实上代表未完成的论文，都包含在伦敦经济学院在1952年所获得的一份手稿内。

这份手稿除其他文章外，还包含了两篇论文：《货币价值降低对情趣和文学的影响》和《人口增长和国家的力量》，这两篇论文经学院同意后于1954年和1955年印出。现收在第二卷内。由于上述手稿中的其余材料的整理和发表尚需时日，在此处只能简单介绍一下这份手稿的内容。[②]

它是用对折纸书写的一卷，共有219张，有1810年水印。内中有一张约翰·巴顿自己准备好的目录表。共有408张编号的页码（有的没有编页码）。约有五分之一的纸页是空白的：作者在纸页的一面书写，而用空白的一页书写笔记。附在书后的是从《标准》报剪下的巴顿写给编者的信；还有一封手写的致编者的信，注明"未发表"。

许多纸页上都已注明日期，从而可能将它们分为两类：1820年以前和1845年以后。未注明日期的纸页的位置、内容和手迹都表明它们中一部分写于1820年前，一部分写于1845年后。因此，在1820年至1845年间有一段间隙，说明可能还存在其他手稿。

这本手稿的某些注释显然是为巴顿生前印行的一篇或几篇论

① 1845年11月6日致托马斯·盖茨·达顿的私人信中曾预言1847年的危机，此信重印在第Ⅱ卷末。

② 这一介绍是以图书馆学家G.沃利奇提供的显微胶卷作为根据。

文所用。除在其中发现的其他题材外，以下几篇引人注目:《李嘉图先生的经济和安全货币计划》、《过度发行纸币对黄金价格的影响》、《公共支出的增加对价格的影响》。但是，在其他题目下也很可能发现重要的经济分析。

价格和人口统计占了大量篇幅。后期手稿中的某些统计表是他人手迹，书法劲拔秀丽。约翰·巴顿在那一时期的书法颤抖无力，令人不禁猜测这是早期病患的征兆。

从第 4 页留下的痕迹看，手稿的作者手中最后持有这份手稿可能是在 1849 年 5 月 15 日或其前后。

VIII

我们将作者在漫长的 30 余年间写的许多论文和书信归为两卷不可避免地要引起许多技术上的问题。读者有权知道是怎样处理这些问题的。

《论影响》一文和关于《人口的过剩》的论文原来没有小标题，但它们的内容可以再加细分。另一方面，《探究》和论《谷物法》的文章作者已分成几部分。在这种情况之下，为了使行文清楚，并使体裁统一，加上小标题似乎可取。

为了使读者对原版的样式有个概念，在可能的情况下，标题页以及每篇文章的目录都照原本制版。总目录、巴顿文章中提及的作者注释以及按字母排列的索引都附在第二卷卷尾。

原版的页码仍保留。另外，在每页下端有本版本的连续页码。

所有的编者注释在必要时都已注明。

为完成这项工作加拿大社会科学研究所提供了资助，编者对此表示感谢。

G. 索蒂罗夫

1961 年 2 月于维多利亚，B. C.

第一部分 “人口增长是资本积累的结果”论之谬误

在政治经济学家中普遍接受如下的一种意见：各个国家对劳动的需求是用国民财富来衡量的——通常的工资率取决于这一财富或快或缓的增长，而工资率又左右人口的增长。

斯密博士说，“靠工资生活的人的需求是随着工资支付基金的增加而成比例地增加。”“但是，引起劳动工资增长的不是国民财富的确实雄厚而是这种财富的持续增长。因而，劳动工资最高的不是那些最富有的国家，而是那些繁荣昌盛，最迅速地变得富起来的国家。”“对劳动的优厚报酬，使得穷人能较好地抚养其子女，从而能使更多的子女长大成人，自然地会鼓励人口的繁殖。还有一点应当指出的是，对劳动的报酬必然地在很大程度上与对劳动的需求成比例。如果这种需求持续增长，劳动的报酬必然会增加，从而鼓励结婚和劳动者的繁殖，使他们能以持续增长的人口来供给对劳动持续增长的需求。不论何时，如果报酬低于为达到此目的所必需的数字，则劳力的不足就会使这一报酬很快地得到提高；而若不论何时，报酬高于需要的数字，则劳力过度的增长就会很快地使报酬降低到必需的比例。在前一种情况下市场上劳动储备不足，而在另一种情况下则劳动储备过多，因而会很快地迫使劳动的价格下降到社会环境所要求的适当比率。就是在这种方式下，对人的需求就像对任何其他的商品需求一样，必然地支配着人的生产；当这种生产进行得太慢时就会加速它，而当它进行得太快时，又会阻止它。正是这种需求支配着和决定着世界各国包括北美、欧洲和中国人口的繁殖状况；使它最初迅速增长，继而放慢为逐渐增长，最后变成静止状态。因此，对劳动的优厚报酬，既是不断增长的财富带来的结果，也是造成人口日益增长的原因。”①

下议院委员会遵循这些原则，指定最后一届会议考虑恤贫法令是否注意到如下各点：“可以雇佣多少人劳动完全取决于唯一可运用于维持劳动的基金数额。不论以何种方式运用或支出这种基金，首先它们维持的劳动数量几乎是一样的。如果强制运用这些基金的全部或一部分，其产生的立即后果是改变基金的使用，而不是改变基金的数额。不管运用基金占多大比例，如果货币由原来的所有人支配，则根据法律条款规定，原所有人有可能将这一部分基金运用于其他目标。因此，不论法律把谁作为劳动贫民而予以救济，他不过是替代了那个本可以靠自己的勤劳赚取那笔钱的人而已。只要基金的数额保持不变，强制分配的后果不会大大地改变受雇佣的劳动者的数字；但在法律条款规定之下，用来维持劳动的基金有多种运用方式，而这种强制运用很可能在实质上置劳动阶级于一个比在其他情况下更加糟得多的地位。”

“劳动需求的增加是提高劳动工资的唯一途径；但除了增加供支付劳动之用的财富以外，没有别的办法可以增加对劳动的需求；

① 《国富论》，第1卷，第8章。

因此，如果强制运用这一财富的任何部分，使得这部分基金的运用还不及在基金所有者本人关切的监督之下运用基金之有利（这种倾向是常常存在的），则本来用于维持劳动的基金将逐渐缩减，使劳动者整体处于一个比在其他情况下更糟的地位。”①

“如果对劳动的需求增加得比供给快，高工资是很自然的结果；——劳动者有可能更好地抚养他们的子女；出生的孩子当中有更大的部分都被抚养大了；——大家庭的负担也比较轻了；这样，劳动者的结婚和繁殖都得到鼓励，紧接着劳动需求的增加之后劳动的供给也有可能增加了。相反，如果由于财富的浪费或减少使得对劳动的需求降低，则工资不可避免地会下降，劳动者的生活享受也会降低，结婚和繁殖后代都会受到阻碍，直至供给逐渐适应减少的需求为止。”②

在我看来，这一推理并未得到经验的证实——有些事实似乎表明，在我国历史的某些时期，人口的增长并不与财富的积累相一致。一个例子是亨利八世统治时期，当时敌对的两院停止对抗，封建压迫有所减轻，继前一统治时期崇尚节俭、和平的遗风之后，商业和艺术初步出现繁荣之势，呈现了一派特别有利于改善国民财富的景象，但这个时期人们对于人口减少的抱怨超过以往任何时候。这一时期某些法令的前言中曾经提及在王国的几乎每一个较大的城镇（除大都市外）中，有大量房屋废弃不用，败落不堪，“这些房屋如今已经圮塌，损坏，看上去一直未经开化，留下荒凉空闲的

① 《报告》，第34，35页。

② 《报告》，第35页。

地基，其中不少都邻近大马路，填满了污秽之物，坑坑洼洼，酒窖、地下室全都暴露在外，没有遮盖，大大危及君王的臣民”——法令规定，如果这些荒废房宅的主人三年之内不重新修建已经倾毁的房屋，则拥有该土地的领主可以重行进入并占有这块土地。[①]

可以引用的还有其他法令，其中包含对乡村教堂的状况抱有同样的不满。[②]《亨利七世》第 4 卷 c. 19 的前言如下：“国王不能忘记，在王土上，由于房屋及城镇遭到废弃、拆毁和有意荒废，过去的耕种地转变为牧草地，人们日见懒散，而懒散实为一切祸害之根源及开端。有的城镇，原有居民不下二百，靠合法劳动生活，现在只剩下二三个牧民，而这些人也都懒懒散散，种植物本为王国的最大宗商品之一，现在已经衰落；教堂毁损，传教布道已经撤销；埋骨于教堂者无人为之祈祷；有权授予神职之人及副牧师受到无礼对待，防御外侮保卫国土的力量削弱，受到损害。”等等。

当代作家之用词与此处引证的法令非无相似之处。托马斯·莫尔爵士说，“你的羊群原本是如此温顺，如此驯良，食量如此之小，而现在，我听说，却已变得食量异常，野性发作，它们甚至咽食人类本身。它们消耗、毁坏以至吞下整个田园、房屋和城市。贵族、绅士、甚至修道院院长和神职人员，不满足于他们的祖辈和先驱者从土地上每年惯常获得的收入和利润，在国土上四处寻觅何处可以生产最佳最贵的羊毛；他们也不满足于在安静和快乐的环

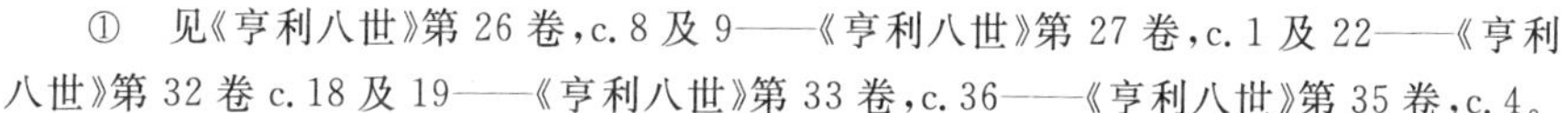

① 见《亨利八世》第 26 卷，c. 8 及 9——《亨利八世》第 27 卷，c. 1 及 22——《亨利八世》第 32 卷 c. 18 及 19——《亨利八世》第 33 卷，c. 36——《亨利八世》第 35 卷，c. 4。

② 见《亨利七世》第 4 卷，c. 16——《亨利八世》第 6 卷，c. 5——《亨利八世》第 7 卷，c. 1。

境之中生活，因为无利可图；他们深知公共福利所在，但却不留下一片耕地；他们把所有地方都圈起来作为牧地；他们拉倒房屋，拆毁城镇，没有一幢房屋得以幸存，只留下教堂作为羊舍。”[①]

在尽量考虑到可能出现的偏见和误差，准确估计过去和现在数字的困难，在与过去作比较时通常不会无视当前时期的利益等等之后，我仍不相信在这一时期英国的人口乃随着它的财富按比例地增加，甚至不相信它有任何增加。当我把这些法令与半个世纪以后伊丽莎白女王统治时期通过的一项法令相比较时，[②]更加不能相信。这一法令也带有一种抱怨的语气，但其不满不是人口的减少，而是人口的过度增加。前言中是这样说的：“在本王国的许多地方每天都在大量修造村舍，为避免由此而引起的极大不便”，等等。

在我看来，本王国人口增长未能与国民财富增长相配合的第二个时期为查尔斯一世统治时期至乔治二世统治时期的后期。从以下各点可以证实这点：

1. 从食物的消费量，由此从各个不同时期耕种的土地面积我们可以形成有关人口增长的概念。从上议院关于济贫法的报告所载自从革命以来每届议会通过的圈地法案数字列表中可以看到，从 1688 年至 1754 年的 66 年间，法案数目为 123 个，而从 1754 年至 1813 年的 69 年间，法案数目为 3，315 个。后一时期耕地之增加比前一时期快 25 倍。但在头一个 66 年间，逐年种植越来越多

① 《乌托邦》引言。

② 《伊丽莎白》第 31 卷，c. 2。一项反对建立和维持村舍的法令。

的谷物供出口之需；而在后一个69年间的大部分时期，我们不仅消耗了我们以前可供出口的全部谷物，而且进口了越来越多的最后达到很大数量的谷物供自己消费；因此与后一时期比较，前一时期人口增长似比耕地的增加为缓慢。

2.根据人口法由教区纪事录统计的报表列载，在1700，1710，1720，1730及1740各年全英格兰及威尔士的死亡人数超过出生人数2,018人；而在1750，1760，1770，1780，1790及1800各年，出生人数超过死亡人数247,211人。马尔萨斯先生反对这种推理方式，因为我们没有掌握中间各年份的出生和死亡数字。他认为，报告表中所列出的头五年可能是特别不利于健康的年份。他说，我们知道1710年就是多灾多难的一年。诚然如此，后一时期的1800年也是如此。伦敦的死亡率表可能表明从总的来说头5年并不是特别不幸的年份。

不过，这并不意味着可以推论在这一时期人口实际有所减少。有理由相信，遗漏出生登记比之遗漏死亡登记更多。马尔萨斯先生曾经很有根据地计算过，前者约占总数六分之一，而后者约占十二分之一。根据这一估计，可以发现，在上一世纪初年，每年约增加6,400人。根据尤勒的表计算，[①]人口增加一倍约需600年。按照目前的增加率，人口在55年间增加一倍。

3.1688年格雷戈里·金根据户数计算，英格兰与威尔士的人口为550万。有理由相信这一计算是相当准确的；无论如何，如有

---

① 见《人口论文》，B.2，c.9。斯密博士说，大不列颠的人口不能设想会在少于500年内增加一倍。W.佩蒂爵士计算，人口增加一倍的时间为360年。

差误，不在估计过多这一面。马尔萨斯先生估计1780年的人口为7,700,000。在92年间增加数为2,200,000——在后来的30年人口又增加了2,700,000有余。但前一增加数2,200,000中极大的一部分很有可能发生在1750年至1780年之间。1750年出生人数为185,816。如将此数乘以30(这一比率后来几年也可通用)，则得5,574,480，为全部人口数字。在62年间这个国家的人口似乎仅增加了74,000。不过，30比1这一假定的比率可能过高。当人口增长近乎停顿时，出生率当然不会像人口迅速增长时那么高。如果我们假定出生率为32∶1，而不是30∶1，则1750年的人口数为5,946,000，自革命以来人口增加数为446,000，或每年7,200，与前述计算颇为接近。

因此，按最低估计计算，几乎无可怀疑近年以来人口的增加比之一个世纪以前快了10倍。然而不可能相信，资本积累也大了10倍。这个国家的情况，从乌德勒支缔结和平到1757年宣战，这一时期肯定比花费巨大、争战不休的晚近时期更有利于财富的增加。如果这方面的证据缺乏，我们也可以从市场利率的变化中发现这一情况，在前一段时期利率从6%降至3%，而在后一时期则从3%上升至8%或10%。

人口的增长可以用财富的增加来衡量这一学说在事实面前既然站不住脚，因此我觉得它和正确的推理也是不相容的。资本的每一增加不一定就会调动更多数量的劳动。我们现假设如下的一种情况：某制造商拥有资本1,000英镑，他用来雇佣20名纺织工，付给他们每人每年50英镑。在资本加倍时他虽也会加倍雇佣工人，但他也可以用1,500英镑购置机器，依靠机器之助，使得5名工人就可以完成以前20名工人才能完成的工作。这样一来，由于制造商资本增加，不是有15名工人被解雇吗？

但是制造和修理机器不是需要雇佣一些工人吗？这是没有疑问的。在这个例子中，花费了1,500英镑，或许可以假定用这笔钱雇用了30人，为期1年，付给每人50英镑。如果每台机器使用年限按15年计算（机器使用年限很少短于此数），则30名工人可不断以这些机器供应15名制造商，因此这就等于说每一制造商经常雇佣2名工人。同时假定有1人经常被雇佣来修理机器。这样我们就有5名纺织工，3名机器制造工，而以前则有20名纺织工人。

但制造商收入增加后可以使他维持更多的仆人——我们看看是多少。假定他的年收入等于资本额的10%，则以前的收入是100英镑，现为200英镑。假定他付给仆人的工资与付给工人的相同，则他可以多雇佣工人。这样，资本为2,000英镑，收入每年为200英镑。当资本减半，收入减半时，调动的劳动人数多一倍。

5名纺织工。

3名机器制造工。

2名仆人。

10人，雇佣总人数。

因此，对劳动的需求取决于流动资本而不是固定资本。如果这两种资本之间的比例在任何时间任何国家都是一样，则可以得出结论说，受雇佣的劳动者和国家的财富成正比。但是这种情况的出现毫无可能性。当技术得到培养，文明得到发展时，固定资本相对于流动资本而言总是占有越来越大的比例。在英国生产一匹细布所需利用的固定资本比在印度生产同样一匹细布至少大100

倍，或许大1000倍之多。而利用的流动资本则仅及1%或千分之一。可以很容易想象，在某种情况之下，一个勤劳的民族每年的全部储蓄可能会增加到固定资本当中去，这样，它们对劳动需求的增加不会产生影响。

在此我们可以探问，为什么财富的某种程度的增加不一定常会创造相等的对劳动的需求。是什么动机使得制造商或农民有时扩大他们的固定资本而在另一个时候则扩大他们的流动资本；——有时将他们的积累投资于机器的制造，或土壤的永久改善，以期今后能以较少的劳动力获得同样的产品；而在另外的时候则雇佣更多的工人以为市场生产更多的产品？

在我看来，决定将资本拨作这种用途或拨作他种用途的因素是在任一特定时间内劳动工资在该劳动的全部产品中所占的比例。因为在任何时候如果工资率下降，而货物的价格不变，或者货物价格上升而工资保持不变，则雇主的利润将会增加，并因此被诱雇佣更多的劳动。在另一方面，如果相对于商品而言，工资上升，则劳动在自身工业的产品中所占的份额将会增加，而他的主人的利益受到影响。这样，企业主将尽可能少地雇佣劳动，以期用机器而不用人工来完成每一项工作。

如果劳动的供给不能增加，社会上每年储蓄的很大部分将用来增加固定的而不是流动的资本。因为在这种情况下，流动资本的每一增加都将比例地增加劳动在他自身工业中所占的份额并以牺牲他的雇主的利益为代价；因为可用以付给固定人数的工人的工资总额越大，则每一个人所占的份额越大。

亚当·斯密似乎曾有这样的意见：劳动的雇主在出现工资率

提高的情况时,可以依靠提高商品价格的办法来保障自己。但是李嘉图先生最近表明,工资的上升不一定会提高价格。任何商品的价格仅仅表示它所交换的货币数量。黄金和白银从矿藏中开采出来和送往市场销售都需要劳动;因此工资的上升提高了这些金属的可交换价值,也提高了所有其他商品的可交换价值。这一推理并不因黄金白银是外国产品而不适用。试想,如我们的货物因工资上升而提价,我们的邻国就会根据我们货物售价提高的程度而少买我们的货物,而外国货物相对的低廉会使我们对它们的需求日增。由此引起的出口的减少和进口的增加就会造成交换的不利状况,造成对块金的需求,对辅币的熔化,使流通中的货币数量减少——结果价格就会很快地下降到以前的水平。

由于制造商和农民不能因工资上升而提高他们的商品价格来保障自己,他们必须把工资的上升部分从利润中净减除。因此维持较低的工资显然是这些人的兴趣所在。如果劳动的供给不能增加,社会的流动资本不论其数量多少总是在固定人数的工人中均分,因而这一资本的非常细微的增加都会引起利润的大大降低。十分之一的增加当然会使工资提高十分之一。假定通常的利润率为10%,这就将把雇主之所得全部吸收掉。

但是,政治经济学家也远远没有把劳动的供给看作是一个固定的数量,而是认为这一供给能根据需求的波动而很快地自身调整。亚当·斯密说,如果劳动的报酬在任何时候对维持劳动者的生计充足有余,则他们过多的繁殖会使市场上储备过多的劳动,而使报酬降低到必要的比率。[①] 让我们来观察一下这种情况。我相信，在任何雇工部门都不会把十五六岁以下的孩子看作是有效率的和有技能的劳工，——在许多行业中，不能在21岁以下的人中去培养技术工人。甚至在这一时期之后，工资的上升对增加劳动供给的影响在数量上是微小的，起作用的过程是缓慢的。在本世纪剩余的年代中，能使每年的出生率增长七分之一的因素必定是一个强有力的因素，但是在不到80或90年的时间里，这样一个事件对劳动工资产生的影响不会达到最大量，而最后可能不会超过18%。[②]

无疑，工资的上升还可以通过另一条途径，即通过死亡人数的减少，使劳动的供给增加。不过，这种效果和前者一样，作用是遥远的。只有靠养成良好的生活习惯，使穷人习惯于更卫生和富有营养的食物，较为宽敞的居室以及更多讲究个人清洁才能使高工资有利于长寿。它们的近期结果有时正好相反。在习惯还没有教会劳动者把这些美好的事物和乐趣看作是生活中不可缺少的东西时，他常会对那些曾使他的祖先感到满足的可怜的生活条件心满

① 《国富论》，第1卷，第121，122页。

② 假定在英格兰和威尔士每年的出生人数为301,000——此数的七分之一为43,000。每年出生43,000人，有多少会增加到人口中去，为找出这一数字，可设想出生人数中每年有500人死亡（这是根据迪·莫伊弗的假设，对这一目的而言是够准确的），到86年后全部死亡。这样，第一年死亡增加人数为500，第二年为1,000，第三年为1,500，如此每年以算术级数递增，直到第86年达到43,000，即等于增加的出生数。人口增加数显然等于出生增加数减去死亡增加数，前者$=43,000\times86=3,698,000$；后者（为算术级数500、1,000、1,500、2,000等直至43,000之总和）为$500+43,000\times\frac{86}{2}=1,870,500$，从3,698,000中减去，尚余1,827,500，为人口增加数。居民总数估计为1,000万，因此增加数约等于18%。

意足，而把他的剩余收入浪费在游荡及酗酒之中。

关于工资的上升对死亡率的影响我们没有直接的证据——但是我们的登记册提供的间接证据完全不利于亚当·斯密的学说。登记册表明在过去70或80年间，死亡率一直下降，甚至在整个时期劳动的真实工资同样一直下降的地区也是如此。

劳动的供给对需求变化反应之缓慢可以从霍尔斯特德、博金和科吉歇尔这些教区的现状得到例证。约在30年前这些教区的毛纺业兴旺繁荣，而到1800年几乎完全陷于停顿；曾经受雇于这一制造业的工人因而得依靠教区为生。在霍尔斯特德教区的803户家庭中，不下于434户是贫民。但是，就业机会的缺乏在减少人口方面并未起到多大作用。据计算，居民有二三百人，仍然和20年前一样多，而在那时，工厂以工资形式付给劳动阶级的钱每年有13,000至14,000英镑之多。①

“在形成节俭的习惯之后，穷人利用较高的工资率来改善他们的生活条件，而不是大大增加他们的人数。”②因此，工资的上升并不总是会增加人口；我怀疑它是否自然而然地就是如此。因为工资的每一上升都会降低劳动的有效需求，它导使制造商及农民减

① 下议院关于《济贫法》的报告。约翰·维兹证明。斯密博士关于利润率可以用国民财富的大小来衡量的意见或许可以和李嘉图的利润完全受工资支配的学说相调和。如货币价值保持不变，社会的每年储蓄中，有较大的一部分增加到固定资本中去，但有一部分则用来增加流动资本，这一部分当然会扩大劳动需求，提高工资。对劳动需求的增加至少在十五六年内难以使劳动的供给相应增加。在这整个时期内，工资必然会高于以前水平，而新的一代在这期间成长，习惯于这种有所改善的环境，这一代新的工人会认为劳动价格的提高是不可缺少的。因而，由于提高工资，资本的积累会降低利润。

② 关于《济贫法》的报告，第86页。

少他们的流动资本而扩大固定资本。假定在农民之间达成一项通用的协议，将农民工资从每星期12先令提高至24先令；——我不能想象还有什么情况比这对结婚成家更起阻碍作用。因为这样一来，尽量少使用劳动力耕地便会立即成为最重要的目标；凡是可以用机器或使用马匹代替体力劳动之处，农民都会这样做；很大比例的现有劳动者都将失去工作。的确，如果一个年轻人能立即找到一个每星期24先令的工作，他会毫不迟疑地去结婚。但可能的情况是，年龄较大的劳动者在寻找职业时会获得优先，而较年轻的人则根本不能赚取任何工资。

这种情况诚然难以维持长久，因为失业的劳动者之间的竞争会很快重新把劳动价格拉低。但如果这种上升是渐进的而不是突然的，它的作用肯定会阻碍劳动者的繁殖，而不致使现有的劳动者失业。这一推理是可以得到经验的证实的。因为我们有很好的证据表明，在上世纪初期当工资逐渐增长之时比之上世纪下半期当劳动的实际价格迅速下降之时，人口增长要缓慢得多。

关于前一时期的工资率我们没有很精确的材料，但是在当时的著作中可以发现，作者普遍抱怨高工资率阻碍商业和制造业的发展，同时已知的事实是，资本的利润比以前和以后都低，这些都可以使我们相信劳动者分享了他们本行工业产品的很大的一部分。假使工资的货币价格保持不变，则从17世纪中叶到18世纪中叶工人阶级享有的生活必需品及便利设施必定增加了，因为同一时期谷物价格下降了不下于35%。

下表表明在过去70年中的不同时期内耕作劳动的工资与谷物价格的比例。

时期	每周工资	8 蒲式耳小麦价	工资按小麦计算（品脱）
1742 年至 1752 年	6 先令	30 先令	102
1761 年至 1770 年	7 先令 6 便士	42 先令 6 便士	90
1780 年至 1790 年	8 先令	51 先令 2 便士	80
1795 年至 1799 年	9 先令	70 先令 8 便上	65
1800 年至 1808 年	11 先令	86 先令 8 便士	60

头两个时期的劳动价格引自 A. 扬先生的《对农民的巡回访问》；第三及第五个数字引自《与农业局通讯》；[①]第四个数字引自 F. 伊登爵士《论穷人的处境》。[②] 小麦的价格引自《温泽报告表》。

因此，工资上升本身绝不会增加劳动人口；而工资的下降有时会使它迅速增加。假使英国的穷人在他们的习惯方面有了某种改变，使他们满足于泥土小屋和土豆，像爱尔兰人那样，则劳动的雇主在工资与生活费用成比例下降时会愿意并希望雇佣更多的劳动者，这难道还会有疑问吗？任何年轻人只要业务技能达到过得去的熟练程度，就会发现按通常的工资率找份全天劳动的工作还是很容易的。在这种情况下，毫无疑问他会提早结婚。阻碍穷人去挑起维持一家生计的担子的缘由并不是因为他们会对劳动报酬与生活费用作出仔细的比较。没有受过教育的人很少受抽象推理的指引，而是在很大程度上受到习俗的指引。如果一个年轻人能获得和他父亲与邻居一样的工资，他就会得出他可以成家的结论，而很少去考虑生活的费用。阻碍结婚的是寻找工作的困难，而不是工资率的不足。

① 第 5 卷，第一部分，第 18 页。

② 附录 No. 12。

死亡的数字常常也不是取决于劳动价格与粮食价格之间的比例。甚至可能出现如下的情况，当劳动相对地低，同时对劳动的需求很殷切的情况下比之劳动相对地高时，死亡率要小得多。上一次人口普查所得的数字对这一点提供了不平常的确证。将十个主要农业郡的死亡人数加在一起，就可看到在谷物价格最低的几年是死亡人数最多的几年。例如，1802 年小麦平均价格每 8 蒲式耳为 67 先令，死亡人数超过小麦价格为 118 先令的 1801 年 10%。在农业区寻找工作的困难似乎抵消了粮食价格低廉的好处而有余。[①]

人们承认，财富的每一增加都具有一种创造对劳动新的需求的趋势；但是，在所有商品之中，劳动繁殖所需要的时间最长，所以，在所有商品之中，需求的每一给定的增长引起劳动价格的提高也最多。因为工资的每一次增加，引起利润十倍的减少，显然资本的积累在增加劳动的有效需求方面只能在不大的程度上起作用，除非是在这之前人口有所增加产生了降低工资的效果。

马尔萨斯先生在他的新版本《人口原理》的一章中采取了非常近似上述的推理方式探讨问题，但我很惊异他竟然继续认为高工资会鼓励结婚。他论称，当商品上涨时，工资不一定总是按比例上升；对劳动者的这一明显的不利有时被伴随而来的对劳动的殷切需求所抵消。由于这一原因，人口的增长并不总是受劳动的实际工资所支配。在事实上，从 1735 年至 1755 年，当一日劳动所得可以购买一配克的小麦时，人口增加反不及 1790 年至 1811 年之速，

① 见附录 I。

当时一日劳动所得买不到这么多小麦。在这里，工资下降的程度显然被低估了：从 1750 年至 1803 年工资下降达 40%。

第二部分　人口增长的真正原因

在过去五六十年间，不仅在英国，而且几乎在每一欧洲国家所出现的令人注目的人口增加主要都是由美国矿业生产增加而引起的。贵重金属生产日增提高了商品价格，而商品价格是以大于劳动价格上升的比例增加的；它使劳动者的处境恶化，而使雇主的收益增加。雇主因此竭其全力扩大流动资本，在他的支付能力允许范围内雇佣尽可能多的工人；可以看到，这正是最有利于人口增加的一种状况。货币价值的下降会降低劳动的报酬，这一点几位已故的著作家都曾附带地指出过。金块委员会注意到过多发行纸币所产生的许多不良影响，阐述了其中最重要的一项，即这种做法具有恶化农村劳动者生活条件的倾向。[①] 马尔萨斯先生说，“美国矿藏的发现，使谷物价格提高三倍至四倍，但在这期间，劳动价格的提高还不到一倍。”[②]这一点以前曾被《爱丁堡评论》的一位作者注意到。[③] 我们也看到，大约开始发生于当今国王即位之时的贵重金属第二次贬值也带有同样的特点，因为当谷物上涨 3 倍之时，劳动价格上升还不到一倍。

---

① 《报告》，第 73 页。

② 《对谷物法的意见》，第 14 页。

③ 第 43 期，第 189，190 页。

没有必要说明为什么货币价值的下降会对劳动者的境况产生如此不利的影响，以证明货币的流入会刺激人口。如上面提到的一些段落所指出，事实就存在于历史的证据之中。的确，据我所知，还没有人对这些事实表示过怀疑。但是由于这一主题非常难以理解，因此，探究一下是什么原因使工资不能和商品一样按同样比例上升可能是饶有兴味的。

如果由于采矿业生产力的增加，西班牙得以购买更多的我们的工业产品，则对这些商品需求的增加当然会提高它们的价格——现在这些价格的上涨并没有使工资成比例地提高，因为流动资本不会突然地在很大程度上增加。固定资本决不能转变为流动资本。制造商品只能靠将未来的储蓄加进去才能增加流动资本；那就是利用储蓄雇佣更多的劳动；由于对劳动的需求完全取决于社会的收入和流动资本数量，这一需求当然只能在缓慢的程度上增加。国内消费商品（例如谷类）的价格不会由于货币的流入而立即上升；但由于运用于农业方面的资本所得的利润率低于制造业的利润率，资本会逐渐从农业中抽出来转移到制造业：因而全部资本会产生比以前较多的利润，而利润的升高总是等于工资的下降。

或许有人会说，这不过是亚当·斯密在他的《国富论》第九章所提出的原则的重复，即甚至在国富迅速增加的国家贸易的扩展有时也可能提高利润。但在我看来，金银的进口是唯一使利润得以提高的贸易行业。因为我们和其他国家进行贸易的数量受到我们对他们产品需求数量的限制。如果我们出口更多的细平布去法国，我们就必须向他们买更多的酒和白兰地；这样就产生了一个问题,我们是否需要更多的酒和白兰地呢?如果我们加倍进口这些商品,它们的价格就将下跌一半;这一降低的价格能补偿生产成本吗?但是贵重金属不像其他商品,它们的价格不会因数量增加而比例地下跌;至少要在多年之后,现存合约终止有效,它们才会下跌。这些贵重金属价值的下降等于其他商品包括劳动在内的价格的上升。除非某种使金银数量加倍的进口也使劳动的需求加倍,否则它不能使劳动的价格加倍。首先,它不能使需求按这一比例增加,因为在任何国家,和每年的财政收入以及流动资本的数量相比,流通货币的价值显得微小。亚当·斯密说过,劳动的需求和资本及财政收入的总数成正比。[①] 现假定一个国家的岁入和流动资本总数为4亿英镑,而在流通中的金银等于4,000万英镑。现通过进口将后者增加至6,000万英镑,但劳动的上升将不是60与40之比,而是420与400之比;不是50%,而是5%。现设想工资上升50%,而用来维持劳动的基金仍和以前一样,只有将细平布出口至西班牙并进口金银的特殊商人或制造商所持有的工资基金是例外;我们承认,这些人的财富增加了2,000万英镑。如果劳动价格提高了50%,则除上述商人或制造商外,所有其他人都必须将雇用的工人紧缩三分之一。上述商人的财富无疑增加了50%,因为他们出口的细平布价值4,000万英镑,而换回的金银价值达6,000万英镑。这些人只能购买和以前同样多的劳动,而不是更多;他们的6,000万英镑像以前的4,000万英镑一样,而不能派更多的用场。所有其他人的需求减少了三分之一;他们的需求则保

① 《国富论》,第1卷,第101页。

持不变。因此很清楚的一点是，如果工资像假定那样上升，他们必须立即重新下降，否则三分之一的劳动者将失去工作。

货币的流入不会成比例地提高工资，因为地主及年金领取者的收入降低，减少了他们对仆人的需求，减少数量和制造商因财产增加（起因于利润率提高）而提高对生产劳动者的需求恰成正比。[①] 亚当·斯密曾经正确地说过，对劳动的需求完全取决于岁入和流动资本的总量。但对商品的需求不受这种限制，至少贵重金属的流入不受这种限制，因为对外国的需求要加到国内消费的需求上去。

因此，货币的流入通过提高利润和增加对劳动的需求常会趋向于增加人口，但这种趋势有时会被其他环境所抵消。早在亨利七世统治时期，贵重金属的价值肯定就已开始下降。但由此而对人口产生的刺激却被另一种趋势抵消而有余：封建习俗将土地分

① “先生，我知道你们的抱怨诚然不是没有理由，同样，我以及和我类似的人，我指所有的绅士们，有着比你们任何人同样大的甚至更大的理由抱怨，因为（如我所说）现在百物大涨，你们可以生活得比我们好些，你们可以，实际上也已提高了你们货物的价格，如主要生活必需品的价格，以及其他必需品的价格；但我们不能这样做，不错，我们拥有一些土地，或是购买得来，或是由于期限终止判归我们，或是祖先遗留的不动产，我可以收到比过去为多的罚金，或是增加租赋，因为家庭费用开销比过去大大增加，被迫出此。但我一生中并不期望我的土地的第三部分将由我来支配，或是我可以增加土地的租赋，而是希望通过租借或是通过我以前同意而现在继续有效的合约使土地有人掌管。我希望在我一生的大部分时期中甚至我后辈的一生中继续保持这种情况：所以我们不能像你们那样，提高我们的价格，这就是我们所想到的理由，由于这种理由我们不能提价。我们中的许多人（如你所知）最近离开了农村，被迫放弃家园，或是在伦敦保留一间房子，或是未经邀请，拜谒宫廷，他身后跟着一个随从和一个仆人，而在他的房子里，他得有十人做清洁工作，此外，每周每日都得有 20 或 24 个其他人员。”——《对我们若干农村居民的某些平常怨言的简要考察》，发表于 1581 年。

成无数小块的做法渐渐少了，这些较小的土地联合成为面积较大的农庄，借助于资本进行耕作，相比于所生产的产品来说，需要的劳动减少了。直到伊丽莎白统治时期，价格的上升才产生了通常的和自然的效应。约在上世纪中叶开始的货币价值的下降似乎首先引起了对工业劳动的需求；在一个时期，这种劳动的价格与谷物价格相比是上升了，不过，与它本身的产品相比没有上升。从1740年至1800年，工业区人口的增加相应地远远大于农业区。在农业上，价格的上升似乎以一种特殊的方式对人口产生影响。耕作劳动者的货币价格没有经历多少变化，由雇主供膳的室内仆人的报酬当然在比例上高于工资全部支取现金的室外劳动者。因此前一种劳务就渐渐废而不用了。任何实际的农民都能证明近年以来这方面的惊人变化；我想没有疑问，维持生计开支的增涨是这种变化的主要原因。——目前的安排对人们结婚提供的便利大大增加。——马尔萨斯先生曾经观察到，寻找居处的困难对农民的繁殖构成主要的抑制作用；而对室外劳动者给予的优惠强烈地诱使他们修建农舍。在以前，从事农业劳动的青年在获得室外劳动工作之前，极少有机会结婚维持家庭；由于这类工作机会比以前多了，相应地为更多的人结婚准备的房屋也多了。因此，从1800年以来，农业人口的增加似乎比工业人口的增加更快。[①]

如能将不同国家在不同时期的人口增长与货币价值作一比较是一件极好的事。但这种调查困难而又复杂。我们可以依靠的人口登记表很少；而关于货币价值的资料或许更有缺陷。这种价值

① 附录Ⅱ。

不仅取决于矿产品，而且部分地取决于辅币的情况及流通中的纸币数量。但在英国，自从伊丽莎白统治时期以来，辅币的法定纯度比例迄无变化，除了在17世纪末及本世纪初一个短时期外，我们也没有过多的纸币。因此，在这个国家可以预料人口的增加会和贵重金属的供给是否丰富几乎相一致。

汉博尔特男爵收集过许多关于美国矿产品的有趣资料。这一资料主要收辑自可靠的文件，其余则来自推测计算，它的结果归总在下面的说明之中。虽不能视为完全准确，但它是我们关于这一题材所拥有的最好资料。[①]

时　期	皮阿斯特的矿产品
1500～1545	£ 3,000,000
1515～1600	11,000,000
1600～1700	16,000,000
1700～1750	22,500,000
1750～1803	35,300,000

将这张表和人口的增长相比较，并适当考虑到在贵重金属供给增加对这里的劳动需求能产生巨大的效应之前以及这种需求对人口增加能产生可觉察的影响之前，都必须经过一段时间，我们会发现这张表对前面曾提到过的显著不规则现象提供了真实的解答。也许可以说，从1700年到1750年所增加的几乎完全是黄金；因此它对大陆国家的价格没有很大影响，因为在这些国家，白银是主要的价值衡量尺度。

这个国家目前的情况或许可以看作是对货币价值与人口增长

① 《有关新西班牙王国的政治论文》，第4卷，第259页。

的关系提供了某种证据。从1812年以来，货币价值上升了30%或40%，在劳动需求方面也出现了相应的减少，这种减少肯定不是由于资本缺乏而引起，在这期间资本异常充裕。

约在上世纪中叶，瑞典因过多发行纸币，产生了在许多方面相似于1809年以来在我们这里出现的影响。当纸币数量继续增加时，商品价格上涨；外汇率极为不利；人口按80年即增加一倍的比例增加。1766年对发行过多的货币开始收回，但直到1769年才回升到它的硬币价值的水平，从那一时期以后，人口增长即陷于停滞状态[①]。

在美洲矿藏发现以后的一个短时期内，西班牙曾极其繁荣，其后又衰落下去，这段经历或许也可以追溯到该国货币价值的巨大和迅速的变化。人们常说，对黄金的热情使西班牙人变穷了，因为这使他们的注意力从更为持久的财富来源转移开了，而且使他们因从事不健康的工作而导致人口减少。这些话是很形象的，但不一定正确。西班牙本国的居民们并没有受到很大的引诱，在矿业经营上去消耗他们的财产或生命；而从英国的例子看，也可证明巨大的财富对工业会起刺激作用而不是抑制作用。似乎更有理由得出如下结论，贵重金属的流入，首先是在西班牙而不是在周围各国，使得它们的价值下降，在这些国家的情况逐渐改善以后，继之又出现了相反方向的变化，而这种变化是毁灭性的。根据《金块委员会报告》[②]关于西班牙从1675年以来的谷物价格的记载，似乎

① 《有助于了解瑞典王国的回忆录》，第12部分，第6部分，第184，186页。

② 附录29。

从那时期直至接近上一世纪中叶，出现了渐进的但不规则的下降，在这以后在所有欧洲国家价格开始回升。如果我们有较早日期的纪录，很可能会发现这种下降早在斐迪南和依莎贝拉统治时期就已开始。现在洛博德告诉我们，那一时期西班牙的人口为15,000,000。

1688 年	10,000,000
1700 年，查尔斯二世逝世时	8,000,000
1715 年，菲力浦五世时期	6,000,000
1768 年，查尔斯三世时期	9,307,804
1787 年和 1785 年，查尔斯三世时期	10,143,975
1798 年略高于	12,000,000[①]

① 《西班牙一览》，第 4 卷，第 25 页。

第三部分　赋税的影响

赋税的压力被普遍认为是贫民增加的一个主要原因，因此对这个题目忽略过去不予探究是不合适的。赋税被认为是在两方面起作用：

第一，减少劳动的需求。

第二，提高生活必需品的价格。

1. 只要赋税是从个人的年收入征收的，它们就不可能减少对劳动的需求。如果私人因被要求对国家的需要作出贡献而按贡献数量比例地紧缩他们的开支，则国家总的收入或支出完全不会发生变化。——例如，如果我被要求每年增加纳税 100 英镑，为此，我将马匹出售，将马伕解雇。同时，这位马伕可能报名当兵，马匹可能被购去供骑兵之用。我的每年 100 英镑仍被用来维持这匹马和这个人，不过它是通过另一渠道，在不同的名义之下进行。

尽管赋税会阻碍积累；尽管私人不是紧缩支出，而是将本来积蓄起来准备用以增加资本的那一部分收入交税，对劳动的需求仍然不会减少，只不过不会增加罢了。人们已经看到，每年从收入中节省下来的钱，大部分都用来增加固定资本；资本被用来建造机器，或者改良土壤；因此，它在开头，即当这些改进正在进行之时，会调动一定数量的劳动，但在后来，就完全不再影响劳动的需求。

现在政府支出一笔钱，用来为军队购置被服、粮食或者作其他用途，就需要雇佣许多人，和用同样一笔钱雇工排水和圈地或者建造机器所雇佣的工人同样的多。

但是赋税不仅阻碍积累，它们还可能侵犯现有的资本。如果政府的支出全由当年的赋税筹措，这种事情不大可能发生，但如果支出大，情况就不一样——国内的一部分资本就会直接被贷款所占用。不能得出结论说，由于筹措贷款，社会财富每年都在减少，因为个人的储蓄可能超过贷款数量；但是不可否认，在有些年份内，国家的总支出实际上会超过它的收入。我们来看看这种情况会对劳动需求产生什么影响。

从商人或制造商手中抽出流动资本由政府支出，虽（如前所述）和原先一样可以安排同样多的人就业，但这些人中相当一部分是士兵或水兵，而不是工人或农民，这些人不从事生产，上市的商品数量将会大大降低，而构成国家的个人的总收入迄今没有降低，对货物的需求就会超过供给。结果是进口超过出口，外汇下降，金块输出国外，货币价值上升。

我觉得，在现代时期，曾经有过三次这个国家的支出超过它的收入。第一次是接近美国战争结束之时，当时，灾祸频盈，各方竞相开支，史无前例。根据海关分类账，1781 年，大不列颠的贸易平衡表上入超达 100 万英镑[①]。在相继的两年中，与外国的外汇率在平价之下 6％至 8％间波动；1783 年由于汇出硬币的需要，英格

① 《1797 年上议院秘密委员会报告》——附录 40。

兰银行的金库中的现金和金块减少到很低的数字[①]。

1796 年，有两笔贷款，数额远超过过去一年中所举借的贷款，它们的压力由于上一年歉收而加剧，当时我们被迫进口大量国外谷物以维持人民生计。从 1795 至 1796 年，汇率在平价之下 4% 至 6%之间波动。随之而来的对硬币的需求以及它所造成的后果都是众所周知的。

1809 年同样情况的重现似乎是由于英国在大陆的大量财产被充公——这一财产的损失产生的作用恰和增加支出一样。在硬币的需求方面，其结果和贸易逆差造成的结果完全一样：英国商人对大陆的付款仍待支出；应该从大陆收到的付款在许多情况下都由于货物的充公而被取消了；因此这个国家得付出大量差额。外汇跌至平价以下 8%至 10%。如果银行不是在支付硬币方面受到限制，1782 年和 1796 年出现过的对现金的需求无疑会再出现。

因此，收入超过支出会导致货币流通数量的减少和它的交换价值的上升。简单地说，它产生的效应恰和贵重金属流入产生的效应相反；——价格下降，劳动需求减少。但是这种效应常只是暂时的，因为资本的损失通常总由来年的储蓄补充。没有理由相信在任何上述的情况下国家的财富会出现任何永久性的减少。因此不可能承认，目前[②]劳动阶级就业的缺乏是由赋税所引起的。

2. 其次我们来考察一下赋税是否会提高生活必需品的价格。

---

① 《1797 年上议院秘密委员会报告》——附录 40。

② 1817 年 6 月。

这一研究具有很大的困难，不是由于它天生的含糊不清，而是由于对赋税这一主题常会提出一些含混的概念。有一种意见认为在新近的战争中高昂的谷物价格是由于这一原因所引起，在我看来是没有根据的。这种意见要不是得到有体面的大人物的赞许，本是不值一驳的。

阿瑟·扬先生在下院谷物法令委员会说明过他的考察结果，"有三种情况对谷物价格的提高起过很大的作用；它们是人口、赋税和国民财富的增加，这是王国的商业所表明了的。如果我们把1790年至1810年21年间的这三种情况与1790年以前23年的情况相比较，我们就会发现增加数字如下：

人口	27¼
赋税与贷款	212¼
进出口贸易	96½
	平均112%

但在同一时期，小麦价格仅上升71%；大麦和燕麦价格仅上升68¼%；而国民财富，即消费能力，增加96½%，公共负担增加212¼%。似乎没有必要去寻求谷物价格上涨的其他原因。"①

我们现在把问题只限在赋税这一主题上，我首先必须指出，这一学说完全是现代的。1792年以前政治经济学的作者没有一个曾经教导说赋税会提高谷物的价格。洛克②认为，赋税大部分都由土地承担，就是说，赋税减少了地主对产品分得的份额。他的这一意见法国经济学家也都遵从。休姆怀疑这一学说。他认为，对

① 《下院报告》，第172,173页。

② 作品集，第2卷，第29,30页，第4版。论文8，第二部分。

商品征税只由商品承担，他似乎并不觉得，除征税的商品外，赋税还会影响任何其他商品的价格。亚当·斯密认为，对必需品如盐、皮革、肥皂及蜡烛征税会提高劳动价格；但在耕作劳动方面，他说劳动价格的上升由地主承担，使他的地租收入减少，而不是提高所生产的商品的价格。[①] 对农业资本的利润所征收的税也是如此，他明确地说过，这种赋税的最后支付落在地主身上。[②]

我并不是说因为现代的论点不同于洛克、休姆和斯密的论点，它就必定是错误的。但是我记不起曾有过任何人来反驳他们的论点；如果我们除了模糊的假设之外，并没有什么更好的东西可用来反对他们，人们却必须承认，被人接受的学说是立足于很薄弱的基础上的。

这一学说也与事实不相一致。在1792年爆发战争以前的三次战争中，谷物的平均价格比紧接着战争之前或之后的和平年代都较低。在美国战争时期，赋税对国家资源的压力或许比过去一百年中任何时期都更为沉重，小麦的价格却比和平时期约低10%，大麦和燕麦约低15%。

扬先生和与他有同样思想的人似乎忘记了黄金与白银也是商品，它们的可交换价值也容易因为赋税而提高。我们每年消耗一定数量的金银，而这些金属是用我们自己生产的产品向矿业主买来的。如果由于赋税或任何其他原因，这些商品的价值相比于黄金白银有所提高，则用我们的货物交换金块的贸易就会减少，或者

① 《国富论》，第3卷，第323，324页。

② 同上书，第293页。

完全停止。如果我们的细平布的价格每码从30先令上升至40先令,巴西人就会发现从法国或德国购买比从英国购买更为有利。但黄金的消费在继续,而供给又已切断,黄金的价格不可避免地会上升;就是说,用黄金衡量的所有其他商品价格将会下跌。

在仔细考察一下之后,为什么谷物价格一般都是战时低于平时的道理或许就很清楚了。每年都必须采取借款办法会提高流动资本的利润率;而生产谷物比之生产工业品需要较少的流动资本。因为在货币数量保持不变时,货物总的价格不会上升,如工业制成品上涨,原料产品的价格必然会比例地下跌。

在我看来,最终由劳动阶级负担的赋税只有关税及货物税。对任何特定货物征税当然会提高它的价格;如果穷人是这些商品的消费者,他们就分担了一部分国家的开支。我的这一看法不仅可以推及于奢侈品如啤酒和烟草,而且可以推及于必需品如盐及皮革。因为如果工资因生活费用上涨而上升,固定资本的利润与流动资本的利润之间的均衡就会打破,制造商或农民就会使用马达或机器来替代人力劳动。一部分工人就会因而失业,竞争就会很快将工资降低到以前的水平。

对某项特定商品征税为什么总是会起到降低该项商品消费的作用?的确,甚至根据斯密博士自己的原理,也不是很令人了然的事。例如,如果对烟草征税迫使劳动者少消费烟草,则对面包征税是不是也会使他少消费烟草或其他奢侈品呢?

劳动的价格和所有其他东西的价格一样,受到供给和需求的支配。生活必需品价格的上升就是通过工人供给的减少——或者是增加死亡率,或者是阻止结婚——而对工资率产生作用,别无他途。

我前面曾经努力表明生活必需品费用的逐渐上升通常不会引起人口的减少，因为这一过程非常缓慢，在这期间，劳动阶级会养成新的生活习惯，对差一点的生活方式也会随遇而安。因此，我得出结论，对消费商品征收的税如关税和货物税，都是直接地和最终地落在消费者身上。

我曾经想说明一下一个农业劳动者每年要花多少钱支付这些税，但是还未能使自己感到满意地去做好这件事。但我在此附加一表，说明在英国的不同地方的66户家庭的平均费用，这一数字是F.伊登爵士在1796年收集的——这些数字表明农民的收入中有多大的比例是用来购买征税商品的。[①] 为便于比较，我加上了关于劳动者支出项目的说明以及有关项目在1762年须交付的税额，这些数字是我从刊载于同年的《伦敦杂志》由威廉·坦普尔签名的一封信中摘录的。[②]

一位农业劳动者的家庭开支

（包含5⅘人）

	每周		每年		
	先令	便士	英镑	先令	便士
面包，面粉，燕麦片	6	5	16	13	8
酵母，盐	0	2	0	8	8
熏咸肉，其他肉类	1	2	3	0	8
茶，糖，牛油	1	2¼	3	3	11
肥皂	0	3¼	0	16	3

① 《论穷人的处境》，附录12。

② 第717页。

蜡烛	0	4	0	17	4
奶酪	0	4¼	0	18	5
啤酒	0	3	0	13	0
牛奶	0	3	0	13	0
土豆	0	7	1	10	4
线,毛线	0	2½	0	10	10
租金			1	13	3
燃料			1	13	3
衣服			3	10	11
出生,丧葬,疾病			0	10	10
			36	14	4

1762 年一位农业劳动者的家庭开支

	每周			每年	
	先令	便士	英镑	先令	便士
1. 面包,面粉,燕麦片	2	6	6	10	0
2. 块根植物,蔬菜,蚕豆,豌豆,水果	0	5	1	3	10
3. 燃料 6 便士,蜡烛 3 便士,肥皂 2½便士	0	11½	2	9	10
4. 牛奶 1¾便士,牛油 1¼便士,奶酪 5 便士	0	8¼	2	0	1
5. 肉 6 便士,租金 6 便士,针,毛线,线等 1 便士	1	1	2	16	4
6. 衣服,修理,床上用品,鞋	1	0	2	12	0
7. 盐,啤酒,舶来品,醋,香料	0	8½	1	11	5
8. 接生,教堂,产期			0	12	6
			20	0	0①

以上消费品的税:啤酒,1 先令 2 便士;盐,1 先令 8 便士;肥皂及蜡烛,3 先令;皮革,2 先令;杂物,2 便士——共计 11 先令。

注意:税约为$^1/_{36}$。

由于有的人认为目前对劳动需求的缺乏是起因于赋税的压力,又有人认为战时政府增加支出给人口带来特大的刺激,其后的

① 我照原样抄下了各个项目,它们加起来与总数不符。

灾难乃因停止这种支出而引起。——如果对流通中介的变化不予考虑，则这两种看法在我看来同样是错误的。

如果我们探究一笔既定数目的钱在分别用于维持非生产性与生产性的劳动时怎样对劳动的需求起作用，我们首先就会发现，它总是使同样的人数获得就业。流动资本的全部每年都用来为社会的劳动阶级提供维持生活所需；——如果把它转变为收入，它继续完成同样的功能，唯一的区别是，它现在维持非生产的而不是生产的劳动者。因此，马尔萨斯先生作出以下假定是错误的："将资本转化为收入——这是贷款的结果，必然会增加需求对供给的比例"。①

即使贷款完全从本来用以扩大固定资本的社会储蓄中取出来，因而流动资本的数量不致减少，它也不会创造出对劳动的任何新的需求。的确，固定资本一旦形成之后，就不再影响劳动的需求，但在它的形成过程中，它像同样数量的流动资本或同样数量的收入一样，会使同样多的人得到就业机会。

① 《人口论补篇》，第 67 页。

第四部分　济贫法的真正效应

在我们企图纠正一项弊病之前，首先要对它的性质和范围有一个正确的概念，这一点非常重要。因此，在我们对济贫法的趋势和作用作进一步的研究之前，让我们首先考察一下自从1776年有关地方税数字的可靠报告公布以来，贫民增加了多少。这一年以及1785年的报告表没有提到救济贫民的数字，这一数字本可以提供最准确的比较手段，它仅仅提供了用于救济贫民的经费数额。由于贵重金属价值的逐步下跌，这个数字未能表明有关这一主题的准确情况。自1776年以后大多数商品的价格都上涨一倍，可以推想，同样一笔钱现在救济的人数不会超过四十年前救济人数的一半。把谷物的价格作为生活费用的一个合理标准，并将贫民的增加率与人口的增加率作一比较，得到如下的数字：

年份	每8蒲式耳小麦的平均价格（先令）	（便士）	平均（先令）	平均（便士）	用于贫民的金额	人口[①]	按小麦（品脱数）计算对人口中每人的支出数
1772—	50	8					
3—	51	0			1776年		
4—	52	8	48	2	1,556,804镑	7,500,000	44
5—	48	4					
6—	38	2					
1781—	44	8					
2—	47	10			1783—85年平均		
3—	52	8	49	2	2,004,238镑	7,876,000	53
4—	48	10					
5—	51	10					
1799—	67	6					
1800—	113	7			1803年		
1—	118	3	84	8	4,267,965镑	9,438,000	54½
2—	67	5					
3—	56	6					
1811—	94	6					
2—	124	8			1813年		
3—	107	10	93	2	5,072,028镑	11,139,000	50
4—	74	7					
5—	64	3					

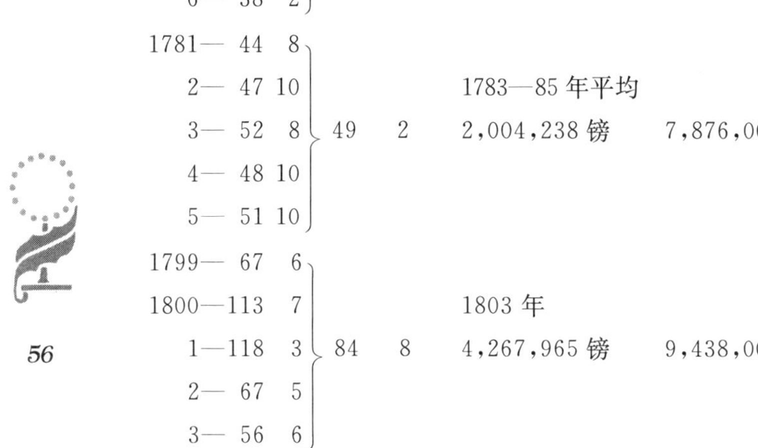

从这里的数字来观察问题，贫民的增加似乎并不像一般人认

① 在本表及以后各表中，人口数字与马尔萨斯先生的估计是相一致的，我认为这一数字是有良好的根据的。——见《人口论补篇》，27页。

为的那样可怕。我们似乎并没有比以前担负比例大得多的贫民，从 1803 年至 1815 年这一负担甚至显得减少了。

在上述期间贫民的境况是好转还是恶化，通过比较不同时期人口数字与年死亡率，可以以最令人满意的和明确的态度作出答复：死亡率的增加总是表示不幸的增加，而死亡率的减少则必定证明下层人民的境况有所改善。——为证明这点我可以查阅《人口论》的几乎每一页。

下表说明从 1780 年以来死亡率有很大的降低。

时　期	平均人口	平均死亡数	比　例
1780—1781	7,824,000	192,813	1∶40.6
1785—1789	8,157,000	187,029	1∶43.6
1790—1794	8,597,000	192,373	1∶44.7
1795—1799	9,022,000	193,932	1∶46.5
1800—1804	9,163,000	199,458	1∶47.4
1805—1809	10,105,000	190,555	1∶53.3

尽管有时有人说，穷人日益不幸和堕落，但我想，这张表以绝对的证据证明罪恶或不幸，或者二者，在过去 40 年中都已减少了四分之一。

我不是说这些事实证明济贫法不具有使劳动阶级处境恶化的趋势，我的意思仅仅是想说，对导致这样一种结论的一般推理必项严格地考查一下。很有可能，如果不制订这些法令，贫民的境况会改善得更快一些。

济贫法产生了不少伴随而来的坏影响，对此我完全愿意承认，除此而外，可以认为济贫法对结婚提供了不自然的刺激，从而造成过多的人口，而这又压缩了劳动工资。可以设想，如果为家庭寻求生计没有把握的话，年轻人对冒险结婚一事就要更为小心谨慎。但是，出现偶然弊害的遥远前景会对人类的行动在事实上产生巨大的影响吗？我们可以看到一种遥远的危险本身有时会传送一种它可能不会出现的模糊观念。而当虽有使人恐惧的危险，但并没有出现实际的例子足以影响人们理智时，不更是这种情况吗？除非到那时每年有一定数量的家庭忍饥挨饿，而又无人过问，有人会以此为鉴，否则，对出现这种情况的恐惧心理恐怕不会在很大的程度上对结婚起抑制作用。如果有私人慈善家出面防止这样一种可怕的灾难发生，不是有理由相信，那些年轻而乐观的人们在强烈感情冲动之下，会本能地认为，即使没有法定的或某种现存的条款为他们提供救济，在他们遇到实际匮乏之时，不是也会有人伸出救援之手吗？有人认为，一律采用轻微的惩罚办法比之更为严厉的法令能更有效地阻止不正当的行为，因为法令如过于严厉，往往难以执行。我想，这些人应当同意我的意见，如果工人为疾病或不幸所缠而要忍受济贫院的悲惨生活，人们皆知这种前景深为穷人所痛恶，这种前景比之因匮乏而死亡的可能性更可能阻止青年人鲁莽结婚。

我觉得政治经济学家们由于观察到近年以来人口事实上有很大增加，而劳动报酬则随之下降，因而主要地把鼓励结婚这一后果归之于济贫法。但是，如果人们认为货币价值的变化充分地说明了这些情况发生的原因，则采用另外方式来解释的必要就不存在了。的确，我们在调查后可以看到，人口增加以后并没有随之发生结婚比例增加的情况，见下表：

时　期	平均人口	平均结婚数	比　例	
1780—1784	7,824,000	65,274	1∶120	1∶117
1785—1789	8,157,000	71,543	1∶114	
1790—1794	8,597,000	72,567	1∶118½	1∶119½
1795—1799	9,022,000	74,795	1∶120½	
1800—1804	9,463,000	81,518	1∶116	1∶119½
1805—1809	10,105,000	81,976	1∶123	

我觉得前面曾提及的《爱丁堡评论》中一篇有趣文章的作者有一个很大的误解。他在努力表明货币价值的下降总是伴随着实际劳动工资的下跌之后，忽然改变论点，在下面这段雄辩而又怒气冲冲的笔调中，他把全部罪责都归之于济贫法：

“在16世纪出现过的那种货币价值的变化在我们这个时代也出现了。由于在过去40年中美国采矿生产力的提高，在整个欧洲贵重金属都已贬值；在我们自己国家，由于必然产生的价格的上升因我们货币的贬值而更加恶化，这种贬值是由过量发行不能兑换为金属的纸币而引起的。——后果是什么呢？劳动的价格没有按商品的价格比例上升，但是劳动者从贫民救济税中得到补贴得以弥补这一差额。未婚的男子仍可用他的名义工资来养活自己。但一个有两个孩子要养活的男子就当然接受教区对他的补助。他的工资和面包的价格都得计算一下。根据他的家庭人数，要得到多少面包。他的工资如果不足以购买就由教区提供。这一被称之为慈善的制度到了雇主手中便变成一种手段，用以将工资压低到只够维持劳动者及他妻子的生活而通过慈善的形式提供食物以养活他的孩子。——毋庸怀疑，如果没有这样的食物供应，劳动者的工资本会更高一些；那些他现在拿

到作为慈善救济的东西，他本会作为他自己的东西去接受的；慈善救济的作用是增加富人的收益，而从穷人手中剥夺掉生活中美好的东西；大自然和他们本身的勤奋原本会把这些东西提供给他们。依靠这种办法压低劳动工资，济贫法在慈善的假面具之下，完成了企图给劳工施加痛苦和惩罚的旧的劳工法所未能做到的事情。累斯特郡的农民消费了最小量的食物，却为屠宰场生产了最大量的牲畜食用肉和为他的耕地提供了最大量的肥料，这是他们值得自豪的事。肉质粗糙，牲畜有病或畸形，这对他都没有什么关系。只要肉能在市场出售，他就做到了他所承担要做的事。——所以济贫法的现代鼓吹者们可以吹嘘说，他们已经发现了一种工具——必须承认，是一种灵验的工具，即以可能最小的费用来养活劳动者，这些劳动者会干好社会上最艰苦的活，而极少有机会从他们出生的环境冒出头来，对于自然的赐予，他们也不会享受比维持他们的生存和保持他们的体力与能力为雇主卖力所需的更多一点的份额。——是为了达到什么目的而使得世界上四分之三的人被如此贬黜和压低？——眼前的所得是雇主的利益；但这仅是暂时的利益，随之而来的是一连串的恶劣后果，使雇主和整个社会都受其害。我们不想在目前深究这一主题。在政治经济学中没有一个现实问题像这样重要；虽然我们必须承认祸害很大，但坦白地说，我们还不能说它能够而且应当用什么方式得到纠正。”①

如果济贫法对工资率有任何影响的话，我想，那不是通过鼓励

① 第43期——瓜里诺斯论济贫法，第197，198页。

结婚,[①]而是通过劳动的雇主在劳工居住的教区对劳工的服务有一种垄断权或至少是先买权。——F.伊登提及一个这类情况,这是他在1796年亲自看到的。——有一位工人,住在某一教区而在另一教区工作,向前一教区的掌管救济人员申请每周补助若干,以使他的工资能补足到地方行政官所规定的水准。这位掌管救济人员本身是个农民,需要劳力,他拒绝发给补助,除非这位劳工帮他工作并愿拿降低的工资率,他答应用教区的基金补足差额。[②] ——这种做法是否非常流行以致对劳动的价格产生了明显影响,只有对事实有比我所掌握的更广泛的了解才能加以确定。

但是一旦承认济贫法并没有使得劳动价格降低,就肯定会得出结论,它们以一种最重要的方式对贫民生活的安适作出了贡献。——一年500万镑,无论是怎样处理不当,都不会不解除许多人的困苦,只要它是在每年分配给社会上劳动阶级的金额之外构成一笔净增加数。

教区估税的收益有很大一部分用于社会上最无价值之事,这或许也是事实。当就业机会稀少时,那些最不稳定最不勤奋的劳工当然首先被解雇,首先变成一种负担。同时,由于较为美好和高洁的感情都已消失,那种对乞求救济的反感,依靠别人的担心也都

① 我们有马尔萨斯先生的权威来怀疑济贫法是否会有助于增加人口。"对于济贫法令,能够对它们说的最有利的一句话是,在与它们有关的任何环境之中,它们都没有鼓励结婚:而无疑,《人口法》的报表可以证实这一假定。"《人口论》,第2卷,第173页。——第4版。

在我写好这条附注后,查阅第5版,发现作者对上面的说法加了限定词:"它们都没有很鼓励结婚"。——第3卷,第374页。

② 《论穷人的处境》,第1卷,第583页。

不复存在了。但不能因此而得出结论说，这种缺乏健全情感的情况都得归因于济贫法，也不能说废除这些法令就会创造出一种“优美的道德气质”，[①]曾有人绝妙地说，在苏格兰，正是这种气质成为贫民增长的直接障碍。在那里和在这里一样，法律已经规定有维持贫民生计之义务；但是社会上高阶层与低阶层之间经常的相互帮助和密切的交往，在牧师和教区居民之间存在着的特殊感情，消息报导带有的优越语调以及在王国的那一地区农民之间普遍存在的自尊感都已替代了执行法律的必要性。近来，在许多教区，特别是在大城镇中，都采用了强制估税办法；同时人们看到在这些教区，贫困现象比在别处更为普遍。但是，美好感情的丧失是否先于这些估税而存在或者在事实上甚至导致了这些估税的必要性呢？

如果我们在这里介绍一下在苏格兰某些地区在生活习惯较为简单的情况下所通用的救济贫民的方式，我们也许会感到进退两难，我们要么让匮乏来逐渐消灭贫民的懒散、浪费和邪恶的恶习，要么又回到强制的估税办法。如果认为他们会由于担心眼前的匮乏而改造自己，在我看来是很不可能的。

但是，如果我们有可能找出某种办法，既为贫民提供必需品，同时又可以避免那种一方是吵吵嚷嚷，另一方是冷漠无情的对立，这种对立不幸地使施与者与接受者都变成铁石心肠；如果可以让习惯于过体面整洁生活的年老体弱者以及尚未受到恶习沾染的孤儿维持生活而不用把他们塞进毫无舒适可言而又秽浊不堪的充满了各种邪恶的济贫院，那人们就肯定不会发出议论，要把目前制度

① 《爱丁堡评论》，第55期，第21页。

的弊病都保留下来，只因为这一制度总的来说还是做了好事。

在人们竭力要为教区的救济提供替代办法时，必须注意到发放救济的不同环境。申请教区补助的人可以分为四类：——1. 失业的人。——2. 工资不足以维持家庭生活的劳动者。——3. 由于疾病、意外或年老难以谋生的人。——4. 寡妇或孤儿。关于头两种补助，下议院委员会认为它们在改善贫民的生计方面不起任何作用，因为教区这样支出的钱“如果留给原主分配，本来会用于其他某些目标；不管是怎样运用，它必然会流入劳动阶级的手中，或者是以工资形式，或者是以教区补贴形式。”但是如果所有用于构成固定资本的钱都确实不能为劳动者提供就业机会，则可以说委员会的论点是不恰当的。——举例来说，付给商业推销员的工资如果用来多养一匹马，无疑会对农民更为有利。——被委员会查询过的一位见证人说，付给这类劳动者的钱被认为几乎完全是非生产的。[①] 因此，农夫当然不会去供养这样的人，除非是不得已。

因为对劳动的需求出现了非常明显的减少，要不是济贫法在起作用，贫民的痛苦的确会很大。我不禁想到在这件事情上教区制度的效果几乎是完美无缺的。为减轻因目前工作的缺陷造成的压力所设想的最好的方法是提高认捐数额，在修路或类似的不致影响现有职业的安排中用来雇用贫民。这正是教区曾经大规模地做过的事。这种认捐的款项总数或许没有超过 10 万或 20 万英镑。教区管救济的人员用同样方式开支的钱或许 5 倍甚至 10 倍于此数。

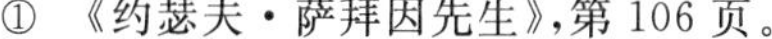

① 《约瑟夫·萨拜因先生》，第 106 页。

关于根据家庭人数和面包价格计算的对第二个阶级的补助即对农业劳动者的补助，从两位证人（约瑟夫·萨拜因先生和理查德·维维安牧师）的证明中可以看到在某些情况下它们似乎被废弃不用而没有产生明显的不幸。但是看看英国某些区域农业工资竟是如此之低，令人难以置信劳动者单靠他的工资能够维持他的妻子以及五六个孩子的生活。减少并最终废除这种补助的最好办法或许是运用各种间接手段抑制由于货币价值降低而引起的对劳动的过度需求。从这一观点看，修改由委员会建议但后来又否决的教区征收税款的方式，即每一户主应根据他雇工的人数[①]而定等级，这样做是特别有益的。有人建议修改定居法律，即一个人在居留五年以后可以成为教区居民，[②]在我看来可能也是有益的，说它有益的理由也正是人们最严重反对它的一点，即它会减少农舍的数字。聚居地的不足或许是我们能想到的最容易和最少压力的抑制人口过度增长的办法。根据这一理由，在某些地区的地方法条例中，普遍采用从出租小块土地的地主而不向占用者征收贫民税的办法，会收到良好效果。

提出这些规章的预期目的是纠正过度需求的不良后果，即当货币价值下降时，会造成劳动的过度供给。但是如果发现目前需求的缺乏是由于永久性的而不是暂时性的原因，也就是由于巴西金矿生产的下降[③]而不是仅由于我们自己的货币恢复到它的自然状态，那就必须采取不同的一套措施。应当找出某种能够排放多

① 《约瑟夫·萨拜因先生》，第13页。

② 同上书，第46页。

③ 《金块委员会报告》，附录21。

余人口的渠道，而不必采用通过实际匮乏来减少人口的残酷途径。委员会提议要为愿意移居殖民地的劳动者提供一切便利，这一政策无疑是一项明智而人道的政策。——值得注意的是这些殖民地的大部分开始种植和移民之时，正是都铎王国货币价值迅速下跌之后又逐渐上升之际，当时利润率开始下降，从而使劳动的供给超过需求。

但是，下述意见或许值得人们考虑一下，是否可将殖民地建立在国内的荒废土地上，这样在防卫上既花费较少，而对国家力量的贡献又大于遥远的领地。我相信，妨碍耕种扩大的主要原因是我们的法律和习惯的性质，而不是土地的相对贫瘠。如果小块荒地可以按照美国价格出售，即每英亩 5 先令至 10 先令，并在若干年内免交直接税，我一刻也不怀疑，拥有土地常会产生的有力刺激会使人把这些土地种植得像花园一样。A. 扬先生在法国观察到，在一些小山的山坡上自然没有赋予土壤，但小业主的不知疲倦的辛勤使山坡的小块土地生产出丰硕的作物，他们用篮子盛土带到这里，在山坡上每隔一段地方筑墙加以巩固。我相信这里提出的这种安排会抑制而不是鼓励人口的过度增长。从马尔萨斯先生叙述的事实来看，①似乎完全有理由相信，在法国，自从将国有土地出售给农民使农民能以较低的价格获得小块土地后，出生率和结婚率都已大大下降了。

① 《人口论补篇》，b. 2，c. 7。

第五部分　公谊会所起的作用

最后两种补助即对体弱年老者及寡妇孤儿的补助容许完全由公谊会接替办理。这些令人钦佩的机构具有不同于储蓄银行具有的优点；因此，储蓄银行的支持者往往不惜诋毁公谊会用以颂扬储蓄银行，实属令人遗憾。一个体质不健康的人，或者不幸失去视力、中风或其他原因而永远不能自行谋生的人，都特别地成为救济对象，完全不能分享储蓄银行的好处。

F.伊登爵士告诉我们，在1797年还没有一例表明，公谊会的某一成员成为他的教区的负担；甚至在今天，从济贫法委员会所得的证据来看，这种例子似乎也是很少的。比较一下每个郡贫民的人数和各公谊会的人数，就能明显地证实这一点。——从大多数情况中可以发现，两个数字是成反比的。[①]

人们对公谊会提出两点反对理由：公谊会助长浪费，同时对捐助者没有提供充分的安全。我想，第一点反对意见是可以有效地消除的。不错，公谊会的集会通常在小酒店举行，常常导使会员漫无节制。但是，如在别处准备一间房间，就看不出有什么理由会员不会在那里聚集，交付会费，商谈交易，就像他们乐意地在储蓄银

---

① 附录Ⅲ。

行储蓄存款一样。如果他们在一次集会中可以没有啤酒而仍然心满意足，则在另一次集会中为什么不能这样呢？必须记住，公谊会之创立完全得归功于劳动阶级本身的谨慎和良好的理性，而小酒店的大房间为全体会员在一处集会提供了最方便或许是唯一的场所。在这样的地方聚会，这些缺少教养的人，平时娱乐有限，这时偶尔饮酒过量，是不足为奇，而且也不是不可原谅的吧。无论如何，在我们没有为他们准备其他集会地点之前我们不必严厉责备他们。

第二个反对意见无疑是个棘手的问题。弊病几乎是普遍存在的；一个公谊会能维持 50 年以上的是不平常的事；如能维持 50 年而又不呈现衰微征兆的则是非常不平常的了。我曾竭力想通过考察不同公谊会的账目去发现造成这一衰败的不幸倾向的原因，我想说在大多数情况之下衰败是因原计划中的缺点所引起，而不是由于管理不善或者欺诈。——附录中刊载了几个公谊会的记录摘要，是从许多记录中挑选出来的，这是考虑到它们建立的时期和记录的经常性，最适宜于作为计算的基础。

从这些记录中可以看到，甚至普赖斯博士也没有正确估计到在这些公谊会中病弱会员与健康会员之间的比例。他认为在入会年龄限制为 32 岁的公谊会中，病弱会员的比例为全体会员的四十八分之一。[①] 但是可以看到，这些公谊会的第一个位于大城市的郊区，接受工资的会员比例是 1∶31；其次的三个位于外省的城镇，比例是 1∶35；而最后一个，位于农村村庄，比例为 1∶40。更

① 《论应归还的付款》，附录，表Ⅰ。

为重要的是,这些调查的结果被人认为——如摩根先生在济贫法委员会上发言中所说,他的全部经验在他心中证实普赖斯博士表格的正确性。[1] ——我不能说出,甚至不能大致地说出,退休的会员即永远失去谋生能力的会员的比例。各个公谊会的账目在这一方面令人难以置信地各不相同。我怀疑,在许多情况下,这一类有权提出要求的人被他们的更为幸运的会员所恶意利用,不让他们得到应得的救济。普赖斯博士曾给予达到某一年龄如 65—70 岁的人以补贴,以替代对年老或体弱失去工作的会员的补贴。但这完全不能满足贫民的需要和愿望。有的人在 25 岁就永远失去工作能力,而有的人到 75 岁还能维持自己。

普赖斯博士曾推测在生命的每一时期生病的机会与死亡的机会有着一定的比例。表 9 的目的就是要发现这一假设有多大的正确性,而结果表明,它非常接近于这种假定的比例。[2]

在大多数公谊会里流行着一种不良的做法,即在某一会员死亡时,收集额外的会费以便将规定的补助付给遗孀,而不是按原来规定每月收取固定会费。其中考虑到会员死亡时付给的津贴在内。结果是,在最初会员能出得起钱时,这种额外的会费很少;而以后,当会员衰老时,这种事又常常出现。这对体弱的交款者常构

---

① 《报告》,第 203 页。

② 在多长的时间里对公谊会的年需求会达到最高额是个有趣的问题。假定它从一开始会员人数就固定为 60 人,在入会时每人的年龄都是 26 岁,第一年死亡的机会(根据迪·莫伊弗的假定)等于 1;第 60 年等于 2.65,这是个最高额,因为到第 61 年为 1.69。到第 104 年为 2.01696,这是又一个最高额。因此这种机会会继续摆动,逐渐接近于 2,这是 60 名 26 岁及 26 岁以上的人的真实的死亡或然率,但绝不是准确地固定在这一数字上。

成很大的困难，而通常随之而来的是基金的减少，使年轻人不愿加入老的会社，从而加速了它们的瓦解。一个根据合理而正确的原则建立的会社绝不会出现基金下降的事，同时它能保持它的会员人数。即使所有年轻会员在任何时候退会，它所持有的股票以及由股票所生的利息，都足以维持剩下的会员的余生，同时履行原来所有的规定。

公谊会对死亡的会员的遗孀和孤儿发给年金或在会员的妻子死亡时发给补助应和会员本身生病或死亡发给的补助完全区分开来；否则，年轻未婚的人将不愿入会。足以支付这两种补助的会费率比只支付最后一种补助的会费率至少要高一倍；不能指望一个不会在近期内结婚的年轻人会愿意交纳这样一种增加的会费。的确这也不是值得想望的事。我们不能置已婚者与未婚者于同一水平，同样对待，同时要使谨慎和深谋远虑能得到合乎常情的报偿。如果人们必须交纳额外的会费以抚养寡妇孤儿，对那种不顾将来而结婚的人来说，这会起正当而有益的抑制作用。它向年轻人指明要具备什么能力他才能适当地照自己的愿望行事，也就是说，只有在他的收入在支付必要的家庭费用之外还能交纳这一会费时，才可考虑结婚。

下议院的委员会怀着非常仁慈的用心建议采取一项措施，但我相信，这项措施将给公谊会带来灾难性的后果。这就是为保证公谊会基金的安全计，凡遇基金有缺损之时，均由教区从征收的税款中补偿。公谊会的每个会员对他所属的会社的持久性具有强烈的个人兴趣并由此希望及时察觉任何欺诈骗财的企图，这是整个制度的基础和根本；因此，任何管理条例如有损于这一原则所具有的充分力量，都会毁坏这些会社所能产生的良好效果。它们把补助限制到比会员健康时通常能获得的工资低得多的比率，严格禁止在接受补助时从事有利可图的工作，对任何冒充疾病的会员在发现后立即开除出会等。会员如对储备基金可能会用来弥补钱柜的亏缺怀有微小的恐惧都会使这些有益和不可缺少的担心和预防流于消失，而补助也就会变质成为用另外名义发放的教区救济。

在我看来公谊会只有靠私人出于善意而作出努力和推荐才能有利地扩展；如果采取措施收集许多老的会社的记录，从中可以准确计算给定数额的会费所能负担的对有疾病和体弱的人的补助率，从而使基金的运用有一个安全的基础。如果人们都相信这些会社能够给予贫民以非常宝贵的利益，便能吸引王国各地关心自身福利的人们来参加这些组织。人们还希望，那些仁慈的个人心里会记住常常被现代的慈善家所忘怀的一句格言："不要管得太多"，谨慎地模仿雅典的法律制定者的所作所为，他在颁布了他认为最适合于他的国人精神的法典之后离开了自己的国家，以免他已经做的事情由于他的在场而不能解决。

附　　录

I. 十个农业郡和七个

	1801	1802	1803	1804
贝　德　福……	1,226	1,556	1,407	1,269
贝　克　斯……	2,318	2,370	2,390	2,095
巴　克　斯……	2,560	2,265	2,523	2,241
剑　　　桥……	2,142	2,417	2,239	2,044
埃塞克斯……	5,234	6,716	6,204	5,623
哈　福　德……	1,996	2,277	2,230	1,838
亨　廷　登……	899	975	882	759
诺　福　克……	5,708	6,020	6,139	5,531
萨　福　克……	4,578	4,389	4,987	4,382
萨塞克斯……	2,776	3,056	3,659	3,636
	29,437	32,041	32,660	29,418
切　斯　特……	4,680	4,701	4,595	3,832
兰开斯特……	19,363	16,570	17,371	14,670
莱　斯　特……	2,889	3,088	2,685	2,154
诺　丁　汉……	3,569	3,120	3,043	2,946
斯塔福特……	6,592	5,318	5,696	5,112
沃　里　克……	5,672	5,256	5,253	4,820
约克,西区……	13,200	12,271	12,468	11,260
	55,965	50,324	51,111	44,794
每 8 蒲式耳小麦	先令　便士	先令　便士	先令　便士	先令　便士
的平均价格	118　3	67　5	56　6	60　1

工业郡的死亡人数比较

1805		1806		1807		1808		1809		1810	
1,084		1,111		1,477		1,878		1,115		1,295	
2,015		2,166		2,223		2,278		2,112		2,349	
2,114		2,227		2,387		2,348		2,133		2,512	
1,847		2,003		2,470		2,645		2,146		2,171	
4,837		5,138		5,157		6,301		5,219		5,338	
1,790		1,819		1,994		2,014		1,837		2,012	
675		746		842		927		815		850	
5,018		5,312		6,088		6,273		5,620		5,720	
3,832		3,706		4,087		4,893		4,122		4,318	
3,177		3,399		3,416		3,997		3,296		3,847	
26,389		27,627		30,141		33,554		28,415		30,412	
4,133		4,273		4,204		4,250		4,495		5,001	
15,743		15,236		15,955		15,691		17,132		17,743	
2,363		2,353		2,568		2,353		2,663		2,736	
2,492		2,884		2,979		2,741		3,052		3,578	
5,251		4,958		5,560		5,219		5,665		6,591	
5,023		4,611		5,046		4,905		4,900		6,004	
10,715		11,622		11,796		10,754		12,998		13,211	
45,720		45,937		48,108		45,913		50,905		54,864	
先令	便士	先令	便士	先令	便士	先令	便士	先令	便士	先令	便士
87	10	79	0	73	3	79	0	95	7	106	2

II. 贝德福、贝克斯、巴克斯、剑桥、埃塞克斯、哈福特、亨廷登、诺福克、萨福克、萨塞克斯等十个农业郡与全王国在不同时期出生人数的比较

	十个郡出生人数	全王国出生人数	比例
1700 1710 1720 1730	107,027	627,462	170∶1000
1740 1750 1760 1770 1780	154,743	994,755	155∶1000
1781至1785	166,326	1,151,558	144∶1000
1786至1790	169,557	1,245,581	136∶1000
1791至1795	175,540	1,300,717	135∶1000
1796至1800	177,847	1,317,043	135∶1000
1801至1805	219,495	1,391,767	157∶1000
1806至1810	231,758	1,487,139	156∶1000

III. 各郡贫民人数与公谊会会员人数比较

(引自有关贫民支出及维持费用统计表摘要,1813)

	每100人口中	
	贫民	公谊会会员
贝德福	12	4
贝克斯	21	3
白金汉	18	4
剑桥	13	4
切斯特	12	8
德文	13	9
多塞特	14	3
埃塞克斯	17	6
格洛斯特	15	8
赫里福特	13	3
哈福德	14	9
亨廷登	13	5
肯特	14	4
莱斯特	15	8
诺福克	16	5
北安普敦	16	6
牛津	20	5
萨默塞特	12	7
南安普敦	15	2
萨福克	17	5
萨里	13	7
萨塞克斯	23	3
沃里克	15	8
威斯特摩兰	12	5
威尔茨	23	6
伍斯特	13	9
平均	15.3	5.6

	每100人口中	
	贫民	公谊会会员
康沃尔	7	9
坎伯兰	7	7
德比	8	14
达勒姆	10	7
兰开斯特	7	16
林肯	9	4
米德尔塞克斯	8	9
蒙默斯	10	8
诺森伯兰	9	8
诺丁汉	7	11
拉特兰	8	10
萨洛普	10	11
斯塔福特	9	14
约克,东区	7	8
约克,北区	9	6
约克,西区	10	11
平均	8.4	9.6

IV. 伦敦郊区某一公谊会的记录摘要*

	会员数	新会员数	对病人付款 镑	先令	便士	
1807	61	6	53	10	0	每周付 10 先令
1808	61	4	62	0	0	
1809	61	10	27	10	0	
1809			18	0	0	每周付 12 先令
1810	61	12	64	4	0	
1811	61	5	50	8	0	
1812	61	6	35	6	0	
1813	61	7	39	19	0	
1814	61	3	57	16	0	

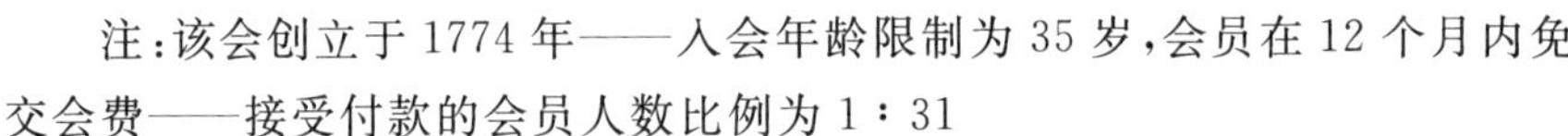

注:该会创立于 1774 年——入会年龄限制为 35 岁,会员在 12 个月内免交会费——接受付款的会员人数比例为 1∶31

* 在本表及以下各表中,公谊会所在地均未特别标出,以免触犯会员或使会员惊恐,要是这篇文章落到他们手上的话。

V. 汉普郡一个城镇的公谊会的记录摘要

六月	会员数	新会员数	对病人付款 镑	先令	便士	
1810	197	6	91	5	9	每周付 10 先令 6 便士
1811	198	4	123	2	0	
1812	198	6	181	19	6	
1813	195	3	159	14	6	
1814	189	2	135	19	2	
1815	186	5	157	12	9	
1816	181	3	92	0	3	
1817	199	5	146	0	0	每周付 9 先令

注:该会创立于 1754 年——入会年龄限制原为 43 岁,1761 年改为 36 岁,1784 年改为 30 岁——会员在 12 个月内免交会费——接受付款的会员人数比例为 1∶35。

VI. 萨福克一个城镇的公谊会的记录摘要

年份	会员数	对病人付款 镑	先令	便士	
1798	43	40	9	0	每周付9先令
1799	49	31	4	0	
1800	43	22	4	0	
1801	43	20	18	0	
1802	43	36	16	6	
1803	50	54	18	6	
1804	53	32	12	6	
1805	57	24	7	0	
1806	52	19	7	6	
1807	56	35	1	10	
1808	56	34	4	0	
1809	55	27	15	0	
1810	61	22	11	0	每周付10先令
1811	61	29	3	6	
1812	59	41	7	0	
1813	58	52	2	0	
1814	57	42	11	0	
1815	60	40	19	0	

注:接受付款的会员人数比例为1∶35。

VII. 萨默塞特一个城镇的公谊会的记录摘要

年份	会员数	新会员数	对病人付款 镑	先令	便士	
1808	120	3	104	10	0	每周付10先令
1809	116	8	70	0	0	
1810	123	4	56	10	0	
1811	123	4	62	10	0	
1812	124	2	75	10	0	
1813	123	2	127	10	0	
1814	122	0	127	10	0	

注:该会创立于1749年,入会年龄限制为35岁以下,会员在12个月内免交会费。接受付款的会员人数比例为1∶34。

VIII. 萨里的一个乡村公谊会记录摘要

年份	会员数	新会员数	对病人付款 镑	先令	便士	
1791	79	3	22	3	0	每周付 7 先令
1792	81	3	27	0	0	
1793	84	7	13	15	0	
1794	91	7	12	4	0	
1795	95	3	23	17	0	
1796	96	7	27	4	0	
1797	102	7	43	0	0	
1798	105	5	69	15	0	
1799	106	3	52	5	0	
1800	104	1	64	2	0	
1801	85	0	61	12	0	

注:该会创立于 1760 年——会员在 30 个月内免交会费——接受付款的会员人数比例为 1∶40。

IX. 公谊会在四十年间每年付给八十名会员生病或残废期间的补助总额

年份	付出 镑	先令	便士	年份	付出 镑	先令	便士	年份	付出 镑	先令	便士	年份	付出 镑	先令	便士	年份	付出 镑	先令	便士
1	18	19	0	9	18	11	0	17	21	9	0	25	30	8	0	33	12	2	0
2	17	6	0	10	37	7	0	18	47	13	0	26	16	7	0	34	8	11	0
3	21	10	0	11	38	14	0	19	14	8	0	27	44	10	0	35	15	8	0
4	24	13	0	12	47	7	0	20	40	18	0	28	20	12	0	36	54	0	0
5	29	16	0	13	15	0	0	21	31	18	0	29	23	12	0	37	56	12	0
6	36	3	0	14	26	8	0	22	28	14	0	30	33	12	0	38	32	1	0
7	33	12	0	15	30	10	0	23	23	4	0	31	13	4	0	39	26	12	0
8	34	19	0	16	21	5	0	24	24	6	0	32	4	3	0	40	26	10	0
	216	18	0		235	2	0		232	10	0		186	8	0		231	16	0

本表说明在给定的一组人中,因生病而需要救济的人数几乎是相同的,每年因死亡而不再需要救济的人数和生者当中新增加的生病人数大约相等。对老弱的补助不包括在内。

图书在版编目(CIP)数据

论影响社会上劳动阶级状况的环境/(英)约翰·巴顿著；薛蕃康译.—北京：商务印书馆，2017
(汉译世界学术名著丛书：120年纪念版：珍藏本)
ISBN 978-7-100-14163-5

Ⅰ.①论… Ⅱ.①约… ②薛… Ⅲ.①资产阶级政治经济学—英国 Ⅳ.①F095.614

中国版本图书馆CIP数据核字(2017)第137884号

汉译世界学术名著丛书
(120年纪念版·珍藏本)
论影响社会上劳动阶级状况的环境
〔英〕约翰·巴顿 著
薛蕃康 译

商 务 印 书 馆 出 版
(北京王府井大街36号 邮政编码100710)
商 务 印 书 馆 发 行
南京爱德印刷有限公司印刷
ISBN 978-7-100-14163-5

2017年12月第1版 开本710×1000 1/16
2017年12月第1次印刷 印张5½
定价：40.00元